WALHALLA Kurzkommentare
Alle Sozialgesetzbücher SGB I bis SGB XII:

Wir freuen uns über Ihr Interesse an diesem Buch. Gerne stellen wir Ihnen zusätzliche
Informationen zu diesem Programmsegment zur Verfügung.
Bitte sprechen Sie uns an:
E-Mail: WALHALLA@WALHALLA.de
http://www.WALHALLA.de
Walhalla Fachverlag · Haus an der Eisernen Brücke · 93042 Regensburg
Telefon (09 41) 56 84-0 · Telefax (09 41) 56 84-111

Horst Marburger

SGB XII

Die neue

Sozialhilfe

Vorschriften und Verordnungen
Mit praxisorientierter Einführung

10., aktualisierte Auflage

WALHALLA Rechtshilfen

Bibliografische Information der Deutschen Nationalbibliothek

Die Deutsche Nationalbibliothek verzeichnet diese Publikation in der Deutschen National-
bibliografie; detaillierte bibliografische Daten sind im Internet über http://dnb.d-nb.de
abrufbar.

Zitiervorschlag:
Horst Marburger, SGB XII – Die neue Sozialhilfe
Walhalla Fachverlag, Regensburg 2012

Hinweis: Unsere Fachratgeber sind stets bemüht, Sie nach bestem Wissen zu informieren.
Die vorliegende Ausgabe beruht auf dem Stand von Februar 2012. Verbindliche Rechts-
auskünfte holen Sie gegebenenfalls bei Ihrem Fachanwalt für Sozialrecht ein.

10., aktualisierte Auflage

© Walhalla u. Praetoria Verlag GmbH & Co. KG, Regensburg
Alle Rechte, insbesondere das Recht der Vervielfältigung und Verbreitung
sowie der Übersetzung, vorbehalten. Kein Teil des Werkes darf in irgendeiner Form
(durch Fotokopie, Datenübertragung oder ein anderes Verfahren) ohne schriftliche
Genehmigung des Verlages reproduziert oder unter Verwendung elektronischer
Systeme gespeichert, verarbeitet, vervielfältigt oder verbreitet werden.
Produktion: Walhalla Fachverlag, 93042 Regensburg
Umschlaggestaltung: grubergrafik, Augsburg
Druck und Bindung: Westermann Druck Zwickau GmbH
Printed in Germany
ISBN 978-3-8029-7381-9

PEP-WDZ-0212-5253-O

Schnellübersicht

Seite

1

2

3

4

5

Sozialhilfe neu geregelt

Es war ein weiter Weg von der Armenpflege des Mittelalters bis zur modernen Sozialhilfe in den sechziger Jahren des vorigen Jahrhunderts. Das erste Gesetz, das die Hilfemöglichkeiten zusammenfasste und den Begriff der Sozialhilfe als Ausdruck eines Leistungsanspruches gegenüber der öffentlichen Hand prägte, war das Bundessozialhilfegesetz (BSHG) von 1961. Mit dem „Gesetz zur Einordnung des Sozialhilferechts in das Sozialgesetzbuch" vom 27. 12. 2003 wurde das Sozialhilferecht grundlegend reformiert und in einem neuen Sozialgesetzbuch zusammengefasst.

Zur gleichen Zeit ist auch das SGB II (Grundsicherung für Arbeitsuchende) geschaffen worden. Dieses Gesetz fasst die Arbeitslosenhilfe und Sozialhilfe für Erwerbsfähige zusammen. Das SGB II ist Bestandteil des „Vierten Gesetzes für moderne Dienstleistungen am Arbeitsmarkt" (besser bekannt als Hartz IV).

Das Urteil des Bundesverfassungsgerichts (BVerfG) vom 9. 2. 2010 verpflichtete den Gesetzgeber, den Regelbedarf nach dem SGB II und nach dem SGB XII verfassungskonform neu zu bemessen. Die erforderlichen Änderungen und Ergänzungen brachte insbesondere das Gesetz zur Ermittlung von Regelbedarfen und Änderung des SGB II und des SGB XII. Zum 1. 1. 2012 wurden die Regelbedarfsstufen erneut angehoben.

Schwerpunkte des Sozialhilferechts im SGB XII sind:

- Regelbedarfe und einmalige Leistungen
- Aktivierende Leistungen
- Persönliches Budget, Vorrang ambulanter Leistungen

Vor dem Hintergrund der enorm lebendigen Gesetzgebung ist es hilfreich auf eine Textausgabe zurückgreifen zu können, die nicht nur die Vorschriften beinhaltet, sondern darüber hinaus in einer einführenden Erläuterung einen praxisorientierten Überblick zur Bedeutung und Tragweite der wesentlichen Neuregelungen vermittelt.

Horst Marburger

Abkürzungen

Abs.	Absatz
BA	Bundesagentur für Arbeit
BAföG	Bundesausbildungsförderungsgesetz
BSHG	Bundessozialhilfegesetz
BEG	Bundesentschädigungsgesetz
BVG	Bundesversorgungsgesetz
BudgetV	Budgetverordnung
DVO	Durchführungsverordnung
EinglhV	Eingliederungshilfe-Verordnung
EStG	Einkommensteuergesetz
EVS	Einkommens- und Verbrauchsstichprobe
GKV	Gesetzliche Krankenversicherung
GKV-WSG	GKV-Wettbewerbsstärkungsgesetz
IfSG	Infektionsschutzgesetz
Nr. (n)	Nummer(n)
OEG	Opferentschädigungsgesetz
RBEG	Regelbedarfs-Ermittlungsgesetz
RBSFV 2012	Regelbedarfsstufen-Fortschreibungsverordnung 2012
SGB II	Sozialgesetzbuch – Zweites Buch (Grundsicherung für Arbeitsuchende)
SGB III	Sozialgesetzbuch – Drittes Buch (Arbeitsförderung)
SGB IV	Sozialgesetzbuch – Viertes Buch (Gemeinsame Vorschriften für die Sozialversicherung)
SGB V	Sozialgesetzbuch – Fünftes Buch (Gesetzliche Krankenversicherung)
SGB VI	Sozialgesetzbuch – Sechstes Buch (Gesetzliche Rentenversicherung)
SGB VIII	Sozialgesetzbuch – Achtes Buch (Kinder- und Jugendhilfe)
SGB IX	Sozialgesetzbuch – Neuntes Buch (Rehabilitation und Teilhabe behinderter Menschen)
SGB X	Sozialgesetzbuch – Zehntes Buch (Verwaltungsverfahren, Schutz der Sozialdaten)
SGB XI	Sozialgesetzbuch – Elftes Buch (Soziale Pflegeversicherung)
SGB XII	Sozialgesetzbuch – Zwölftes Buch (Sozialhilfe)

2 Kommentierung

Grundsätze

Schon zu Zeiten des Bundessozialhilfegesetzes (BSHG) ist der Ruf nach einer grundlegenden Reform der sozialhilferechtlichen Regelungen laut geworden. Das zum 1. 1. 2005 in Kraft getretene „Sozialgesetzbuch (SGB) Zwölftes Buch (XII) – Sozialhilfe (SGB XII)" wurde diesem Reformbedürfnis gerecht.

2

Dabei bildet ein neues System für die Bemessung der Regelbedarfe einen besonderen Schwerpunkt.

Das neue Sozialhilferecht bildet zugleich ein Referenzsystem für zahlreiche, insbesondere steuerfinanzierte Fürsorgeleistungen, einschließlich der Leistung des Arbeitslosengeldes II im „Sozialgesetzbuch Zweites Buch – Grundsicherung für Arbeitsuchende (SGB II)".

Durch Einführung des SGB II wird ein großer Teil der bisher als sozialhilfeberechtigt angesehenen Personen nicht mehr von der „eigentlichen" Sozialhilfe erfasst, denn alle dem Grunde nach erwerbsfähigen Personen und die dazugehörigen Familienmitglieder werden aus dem Bezug der Sozialhilfe herausgenommen und erhalten nunmehr Arbeitslosengeld II bzw. Sozialgeld.

Für die in der Sozialhilfe verbleibenden Leistungsberechtigten werden die Instrumente zur Förderung eines aktiven Lebens und zur Überwindung der Bedürftigkeit ausgebaut. Entsprechend dem auch im SGB II enthaltenen Grundsatz des „Förderns und Forderns" sollen die Leistungsberechtigten dabei eine größere Verantwortung übernehmen bzw. andernfalls auch Nachteile in Kauf nehmen müssen.

In der neuen Sozialhilfe werden behinderte und pflegebedürftige Menschen stärker als bisher darin unterstützt, ein möglichst selbstständiges und selbstbestimmtes Leben zu führen.

Die Verwaltungsmodernisierung, die von den Trägern der Sozialhilfe bereits vor Inkrafttreten der neuen Vorschriften eingeleitet worden ist, wird durch zahlreiche Einzelregelungen unterstützt, soweit dies bundesgesetzlich geregelt werden kann. Diese Regelungen betreffen insbesondere die Datenbasis, Verwaltungsvereinfachungen und Instrumente für eine zielgerechte Leistungserbringung.

Das früher maßgebende BSHG und das SGB XII entsprechen sich in vielerlei Hinsicht. Es bleibt weiter bei dem einklagbaren Rechtsanspruch auf Sozialhilfe. Nichts geändert hat sich auch an der Aufgabe der Sozialhilfe, die nun in § 1 SGB XII definiert ist.

Wie bisher ist es Aufgabe der Sozialhilfe, den Leistungsberechtigten die Führung eines Lebens zu ermöglichen, das der Würde des Menschen entspricht. Die Leistung soll sie so weit wie möglich befähigen, unabhängig von ihr zu leben. Darauf haben auch die Leistungsberechtigten selbst hinzuarbeiten. Sie müssen insoweit mit den Sozialhilfeträgern zusammenarbeiten.

2

Ziel dieser Regelung ist es nach dem Willen des Gesetzgebers, eine Art Verantwortungsgemeinschaft zu bilden und zwar insbesondere im Bereich notwendiger Beratung und Unterstützung, ohne dass dabei die jeweiligen Rechte und Pflichten berührt werden. Die Bedeutung der bisher schon geltenden Pflicht zum Zusammenwirken von Leistungsberechtigten und Sozialhilfeträgern wird durch die Aufnahme in den grundlegenden Aufgabenkatalog der Sozialhilfe nunmehr besonders betont.

Wie bisher wird die Sozialhilfe von örtlichen und überörtlichen Trägern geleistet (§ 3 SGB XII). Einzelheiten ergeben sich aus den einschlägigen Gesetzen der Bundesländer. Allerdings schreibt § 3 Abs. 2 SGB XII vor, dass örtliche Sozialhilfeträger die kreisfreien Städte und die Kreise sind, soweit nicht durch Landesrecht etwas anderes bestimmt wird. Durch Landesrecht werden die überörtlichen Sozialhilfeträger bestimmt.

Nach wie vor wird durch die gesetzliche Sozialhilfe die Stellung der Kirchen und Religionsgemeinschaften des öffentlichen Rechts sowie der freien Wohlfahrtspflege als Träger eigener sozialer Aufgaben nicht berührt. Das gilt auch für ihre Tätigkeit zur Erfüllung dieser Aufgaben.

Wie schon im BSHG, so wird auch in § 6 SGB XII bestimmt, dass bei der Durchführung der Aufgaben des Gesetzes Personen beschäftigt werden, die sich hierfür nach ihrer Persönlichkeit eignen. Sie müssen in der Regel entweder eine ihren Aufgaben entsprechende Ausbildung erhalten haben oder über vergleichbare Erfahrungen verfügen.

Leistungsarten der Sozialhilfe

Die Leistungen richten sich nach der Besonderheit des Einzelfalles, und zwar insbesondere nach der Art des Bedarfs und den örtlichen Verhältnissen. Der in § 9 Abs. 1 SGB XII enthaltene ergänzende Hinweis, dass sich die Leistung auch nach den eigenen Kräften und Mitteln richtet, füllt eine frühere Lücke.

Wünschen der Leistungsberechtigten, die sich auf die Gestaltung der Leistung richten, soll entsprochen werden, soweit sie angemessen sind.

Allerdings soll Wünschen der Leistungsberechtigten, den Bedarf stationär oder teilstationär zu decken, nur entsprochen werden, wenn dies nach der Besonderheit des Einzelfalles erforderlich ist, weil der Bedarf anders nicht oder nicht ausreichend gedeckt werden kann. Die Leistungen werden wie bisher als Dienstleistung, Geld- oder Sachleistung erbracht. Dabei gehören zur Dienstleistung insbesondere die Beratung in Fragen der Sozialhilfe und die Beratung und Unterstützung in sonstigen sozialen Angelegenheiten (§ 10 Abs. 2 SGB XII).

Ergänzend hierzu ist § 11 SGB XII zu sehen. Die Beratung betrifft insbesondere die persönliche Situation des Leistungsberechtigten. Absatz 3 des § 11 SGB XII konkretisiert den Begriff „Unterstützung", die insbesondere auch die Aktivierung umfasst. Im Hinblick darauf, dass die erwerbsfähigen Sozialhilfeempfänger in die Leistung Arbeitslosengeld II einbezogen werden und deshalb keine Hilfe zum Lebensunterhalt mehr erhalten, bestand keine Notwendigkeit mehr für die Beibehaltung der Vorschriften der Hilfe zur Arbeit nach den früheren §§ 18 bis 20 BSHG. Da aber auch nicht erwerbsfähige Leistungsberechtigte möglicherweise in geringem Umfang noch einer Tätigkeit nachgehen und Einkommen erzielen können, sind an ihre Stelle neue Regelungen getreten. In diesen Fällen umfasst die Unterstützung auch das Angebot einer Tätigkeit sowie die Vorbereitung und Begleitung von Leistungsberechtigten. Auf die Wahrnehmung von Unterstützungsangeboten ist hinzuwirken.

Leistungsberechtigte (auf Hilfe zum Lebensunterhalt oder Grundsicherung im Alter und bei Erwerbsminderung) erhalten die gebotene Beratung für den Umgang mit dem durch den Regelsatz zur Verfügung gestellten monatlichen Pauschalbetrag (beachten Sie dazu bitte die Ausführungen ab Seite 18).

Wichtig: Können Leistungsberechtigte durch Aufnahme einer zumutbaren Tätigkeit Einkommen erzielen, sind sie hierzu sowie zur Teilnahme an einer erforderlichen Vorbereitung verpflichtet, sonst drohen Leistungseinschränkungen nach § 26 SGB XII (siehe auch Seite 25).

Welche Tätigkeiten zumutbar sind, ergibt sich aus § 11 Abs. 4 SGB XII. Im Hinblick auf die in der Hilfe zum Lebensunterhalt verbliebenen Personen werden hier lediglich die personenbezogenen Zumutbarkeitskriterien des früheren § 18 Abs. 3 BSHG übernommen. Für die tätigkeitsbezogenen Kriterien wurde keine Notwendigkeit mehr gesehen. Zu den personenbezogenen Zumutbarkeitskriterien gehört z. B., dass eine Tätigkeit nicht zugemutet werden darf, wenn die betreffende Person wegen Erwerbsminderung, Krankheit, Behinderung oder Pflegebedürftigkeit dazu nicht in der Lage ist.

§ 14 SGB XII regelt den Vorrang von Prävention oder Rehabilitation vor der Inanspruchnahme von Pflegeleistungen. Nach den Ausführungen in der Gesetzesbegründung handelt es sich hier um ein wesentliches Ziel der Gesundheitspolitik. Dabei zielen die Leistungen zur Prävention der Rehabilitation darauf ab, den Zeitpunkt der Pflegebedürftigkeit und der Behinderung hinauszuschieben, Pflegebedürftigkeit oder Behinderung zu mindern oder ganz zu vermeiden. Diese Leistungen sind nicht zuletzt auch wegen ihrer positiven wirtschaftlichen Auswirkungen von hoher Bedeutung.

Nichts geändert hat sich an der Grundregel, dass die Sozialhilfe vorbeugend geleistet werden soll, wenn dadurch eine drohende Notlage ganz oder teilweise abgewendet werden kann (§ 15 Abs. 1 SGB XII). Hier ist § 47 SGB XII vorrangig anzuwenden. Nach dieser Vorschrift werden zur

2

Leistungsarten	im	SGB XII
Hilfe zum Lebensunterhalt		§§ 27 bis 40
Grundsicherung im Alter und bei Erwerbsminderung Früher geregelt im Gesetz über eine bedarfsorientierte Grundsicherung im Alter und bei Erwerbsminderung (GSiG).		§§ 41 bis 46a
Hilfe zur Gesundheit		§§ 47 bis 52
Eingliederungshilfe für behinderte Menschen		§§ 53 bis 60
Hilfe zur Pflege		§§ 61 bis 66
Hilfe zur Überwindung besonderer sozialer Schwierigkeiten		§§ 67 bis 69
Hilfe in anderen Lebenslagen		§§ 70 bis 74
Allgemein: die jeweils gebotene Beratung und Unterstützung		§ 8

Verhütung und Früherkennung von Krankheiten medizinische Vorsorgeleistungen und Untersuchungen erbracht. Andere Leistungen werden lediglich gewährt, wenn ohne diese nach ärztlichem Urteil eine Erkrankung oder ein sonstiger Gesundheitsschaden einzutreten droht.

Bedeutungsvoll ist auch die Regelung des § 15 Abs. 2 SGB XII. Danach soll die Sozialhilfe auch nach Beseitigung einer Notlage geleistet werden, wenn dies geboten ist, um die Wirksamkeit der zuvor erbrachten Leistungen zu sichern. § 54 SGB XII ist vorrangig anzuwenden. Hier geht es um Leistungen der Eingliederungshilfe.

Wie bisher sollen die Leistungen der Sozialhilfe die besonderen Verhältnisse in der Familie der Leistungsberechtigten berücksichtigen. Die

Sozialhilfe soll die Kräfte der Familie zur Selbsthilfe anregen und den Zusammenhalt in der Familie festigen.

Anspruchsberechtigte

Hilfe zum Lebensunterhalt (§§ 27 bis 40 SGB XII) ist Personen zu leisten, die ihren notwendigen Lebensunterhalt nicht oder nicht ausreichend aus eigenen Kräften und Mitteln, insbesondere aus ihrem Einkommen und Vermögen, bestreiten können. Bei nicht getrennt lebenden Ehegatten oder Lebenspartnern sind das Einkommen und Vermögen beider Ehegatten oder Lebenspartner gemeinsam zu berücksichtigen. Gehören minderjährige unverheiratete Kinder dem Haushalt ihrer Eltern oder eines Elternteils an und können sie den notwendigen Lebensunterhalt aus ihrem Einkommen und Vermögen nicht beschaffen, sind auch das Einkommen und das Vermögen der Eltern oder des Elternteils gemeinsam zu berücksichtigen.

Der Hinweis auf die gemeinsame Berücksichtigung von Vermögen und Einkommen bewirkt, dass einheitlich die Leistungsberechnung für diese Familien in der Regel gemeinsam erfolgt und die Leistungsberechnung nur dann für einzelne Familienmitglieder durchgeführt wird, wenn beispielsweise minderjährigen Kindern ausreichend eigenes Einkommen und Vermögen zur Verfügung steht. Bisher ist hier insoweit in der Praxis unterschiedlich verfahren worden. Soweit in § 19 SGB XII von Lebenspartnern gesprochen wird, sind gleichgeschlechtliche Personen gemeint, die gemäß dem Lebenspartnerschaftsgesetz eine Lebenspartnerschaft begründet haben. Die Ausdehnung der Prüfung auf das Einkommen und Vermögen der eingetragenen Lebenspartner von Hilfesuchenden trägt dem Umstand Rechnung, dass Lebenspartner nach § 5 des Lebenspartnerschaftsgesetzes einander Fürsorge und Unterstützung, insbesondere angemessenen Unterhalt, zu leisten haben. Nach Ansicht des Gesetzgebers erfordert es der Nachrang der Sozialhilfe, auch von Lebenspartnern, die eine solche Unterhaltspflicht kraft Gesetzes trifft, zu verlangen, dass sie wie nicht getrennt lebende Ehegatten für einander vorrangig ihr Einkommen und Vermögen einsetzen.

§ 21 SGB XII enthält eine Sonderregelung für Leistungsberechtigte nach dem SGB II (Grundsicherung für Arbeitsuchende). Zur Vermeidung von Schnittstellen und im Hinblick auf das zwischen beiden Büchern abgestimmte Leistungsniveau werden ergänzende Leistungen der Hilfe zum Lebensunterhalt ausgeschlossen. Die Regelung setzt übrigens nicht voraus, dass jemand tatsächlich Leistungen nach dem SGB II erhält oder voll erhält, sondern knüpft an die Eigenschaft als Erwerbsfähige oder deren im SGB II näher bezeichneten Angehörigen an.

Sonderregelungen für Auszubildende sowie für Ausländer sind in §§ 22 und 23 SGB XII vorgesehen. Die Sonderregelungen für Auszubildende gelten nicht nur für die Leistungen der Hilfe zum Lebensunterhalt,

2

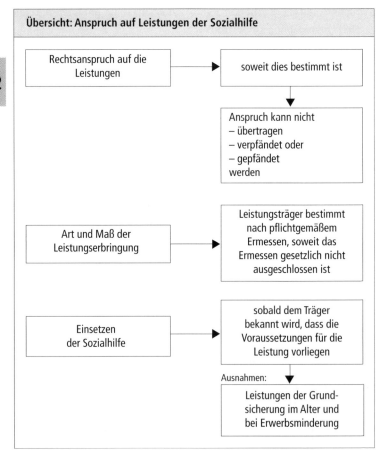

Übersicht: Anspruch auf Leistungen der Sozialhilfe

| Rechtsanspruch auf die Leistungen | → | soweit dies bestimmt ist |

Anspruch kann nicht
– übertragen
– verpfändet oder
– gepfändet
werden

| Art und Maß der Leistungserbringung | → | Leistungsträger bestimmt nach pflichtgemäßem Ermessen, soweit das Ermessen gesetzlich nicht ausgeschlossen ist |

| Einsetzen der Sozialhilfe | → | sobald dem Träger bekannt wird, dass die Voraussetzungen für die Leistung vorliegen |

Ausnahmen:

Leistungen der Grundsicherung im Alter und bei Erwerbsminderung

sondern auch für Leistungen der Grundsicherung im Alter und bei Erwerbsminderung. Aus diesem Grund können Auszubildende, deren Ausbildung nach dem Bundesausbildungsförderungsgesetz (BAföG) oder dem Dritten Buch Sozialgesetzbuch (SGB III) förderungsfähig ist, nur in besonderen Ausnahmefällen diese Leistungen erhalten.

§ 24 SGB XII beschäftigt sich mit der Gewährung von Sozialhilfe für Deutsche im Ausland. Voraussetzung einer solchen Leistungsgewährung ist u. a., dass eine Rückkehr in das Inland aus bestimmten Gründen nicht möglich ist. Dies muss vom Leistungsberechtigten nachgewiesen werden. Bei den genannten Gründen geht es um

- Pflege und Erziehung eines Kindes, das aus rechtlichen Gründen im Ausland bleiben muss,

- längerfristige stationäre Betreuung in einer Einrichtung oder Schwere der Pflegebedürftigkeit oder

- hoheitliche Gewalt.

2

Für bestimmte Fälle sieht § 26 SGB XII die Einschränkung der Leistung auf das zum Lebensunterhalt Unerlässliche vor. Das entspricht bisherigem Recht. Angesprochen sind hier beispielsweise Leistungsberechtigte, die trotz Belehrung ihr unwirtschaftliches Verhalten fortsetzen. Dabei ist so weit wie möglich zu verhüten, dass die unterhaltsberechtigten Angehörigen oder andere mit ihnen in Haushaltsgemeinschaft lebende Leistungsberechtigte durch die Einschränkung der Leistung mitbetroffen werden. Die Leistung kann gegenüber den Vertretern der Leistungsempfänger aufgerechnet werden, soweit diese nach §§ 103 oder 104 SGB XII zum Kostenersatz verpflichtet sind (§ 26 Abs. 2 Satz 1 SGB XII). Es geht hier um den Kostenersatz bei schuldhaftem Verhalten des Leistungsberechtigten bzw. um Kostenersatz für zu Unrecht erbrachte Leistungen.

Die früher im BSHG vorgesehene Regelung setzte voraus, dass die Leistungsempfänger die unrichtigen oder unvollständigen Angaben veranlasst haben. Danach war zumindest in Teilen der Praxis zweifelhaft, ob die Vorschrift auch dann anwendbar war, wenn nicht die Leistungsempfänger selbst, insbesondere ein Kind oder ein Jugendlicher, die unrichtigen Angaben gemacht haben, sondern ein Vertreter, insbesondere ein Elternteil. Ein Ausschluss der Vertreter war nach Ansicht des Gesetzgebers aber nicht sachgerecht. Bereits an anderer Stelle des früher maßgebenden BSHG war zum Ausdruck gebracht worden, dass neben den Leistungsempfängern auch der für diese Handelnde gesamtschuldnerisch in Anspruch genommen werden soll. Aus diesem Grund war es geboten, die Aufrechnung nicht nur gegenüber den Leistungsempfängern zuzulassen, sondern auch gegenüber denjenigen, die die rechtswidrige Bewilligung durch unrichtige Angaben veranlasst haben.

Darüber hinaus besteht die Möglichkeit der Aufrechnung in den Fällen, in denen zu Unrecht erbrachte Leistungen der Sozialhilfe durch pflichtwidriges Unterlassen der Leistungsempfänger oder ihres Vertreters veranlasst worden sind. Nach dem früher geltenden Recht des BSHG musste die Leistung dadurch veranlasst worden sein, dass der Leistungsempfänger vorsätzlich oder grob fahrlässig unrichtige oder unvollständige Angaben gemacht hatte. Nach der Rechtsprechung der Verwaltungsgerichte waren Angaben aber nur durch positives Tun „gemacht". Das pflichtwidrige Unterlassen einer Meldung über eingetretene Änderungen fiel nicht unter die frühere Regelung. Die Aufrechterhaltungsmöglichkeit ist auf drei Jahre (früher: zwei Jahre) beschränkt. Die frühere

Frist ist wegen ihrer Kürze als wenig verwaltungsökonomisch angesehen worden.

Notwendiger Lebensunterhalt

2

Nach § 27a Abs. 1 SGB XII umfasst der für die Gewährleistung des Existenzminimums notwendige Lebensunterhalt insbesondere Ernährung, Kleidung, Körperpflege, Hausrat, Haushaltsenergie, persönliche Bedürfnisse des täglichen Lebens sowie Unterkunft und Heizung. Dabei gehören zu den persönlichen Bedürfnissen des täglichen Lebens in vertretbarem Umfang eine Teilhabe am sozialen und kulturellen Leben in Gemeinschaft; dies gilt in besonderem Maße für Kinder und Jugendliche. Für Schülerinnen und Schüler umfasst der notwendige Lebensunterhalt auch die erforderlichen Hilfen für den Schulbesuch (beachten Sie dazu die Ausführungen ab Seite 22).

Durch § 27a SGB XII wird bestimmt, dass der gesamte Bedarf des notwendigen Lebensunterhaltes nach Regelbedarfen erbracht wird. Hiervon ausgenommen sind Leistungen für Unterkunft und Heizung und die sogenannten zusätzlichen Bedarfe nach den §§ 30 bis 36 SGB XII (Übersicht siehe Seite 21).

Zur Deckung der Regelbedarfe, die sich nach den Regelbedarfsstufen der Anlage zu § 28 SGB XII ergeben, sind monatliche Regelsätze zu gewähren (§ 27a Abs. 3 SGB XII). Der Regelsatz stellt einen monatlichen Pauschalbetrag zur Bestreitung des Regelbedarfs dar, über dessen Verwendung die Leistungsberechtigten eigenverantwortlich entscheiden; dabei haben sie das Eintreten unregelmäßig anfallender Bedarfe zu berücksichtigen.

Im Einzelfall wird der individuelle Bedarf abweichend vom Regelsatz festgelegt, wenn ein Bedarf ganz oder teilweise anderweitig gedeckt ist oder unabweisbar seiner Höhe nach erheblich von einem durchschnittlichen Bedarf abweicht (§ 27a Abs. 4 SGB XII).

Wichtig: Besteht die Leistungsberechtigung für weniger als einen Monat, ist der Regelsatz anteilig zu zahlen.

Sonderregelungen bestehen dann, wenn Leistunsberechtigte in einer anderen Familie untergebracht sind.

§ 27b SGB XII regelt den notwendigen Lebensunterhalt in Einrichtungen, § 28 SGB XII die Ermittlung der Regelbedarfe. Liegen danach die Ergebnisse einer bundesweiten neuen Einkommens- und Verbrauchsstichprobe vor, wird die Höhe der Regelbedarfe in einem Bundesgesetz ermittelt. Hier ist das neue Regelbedarfs-Ermittlungsgesetz (RBEG) zu beachten, das ab Seite 99 abgedruckt ist.

Bei der Ermittlung der bundesdurchschnittlichen Regelbedarfsstufen sind Stand und Entwicklung von Nettoeinkommen, Verbraucherverhalten und Lebenshaltungskosten zu berücksichtigen (§ 28 Abs. 2 SGB XII). Grundlage hierfür sind die durch die Einkommens- und Verbrauchsstichprobe nachgewiesenen tatsächlichen Verbrauchsausgaben unterer Einkommensgruppen.

Das Statistische Bundesamt wird in diesem Zusammenhang durch das Bundesministerium für Arbeit und Soziales mit Sonderauswertungen beauftragt (§ 28 Abs. 3 SGB XII).

2

§ 28a SGB XII beschäftigt sich mit der Fortschreibung der Regelbedarfsstufen. Dies erfolgt aufgrund der bundesdurchschnittlichen Entwicklung der Preise für regelbedarfsrelevante Güter und Dienstleistungen sowie der bundesdurchschnittlichen Entwicklung der Nettolöhne und -gehälter je beschäftigten Arbeitnehmer nach der Volkswirtschaftlichen Gesamtrechnung. Das Gesetz spricht hier vom Mischindex.

Werden die Regelbedarfsstufen gemäß § 28 SGB XII neu ermittelt, gelten diese als neu festgesetzte Regelsätze, solange die Länder keine abweichende Neufestsetzung vornehmen. Dies gilt entsprechend, wenn die Regelbedarfe nach § 28a SGB XII fortgeschrieben werden (§ 29 Abs. 1 SGB XII).

Nehmen die Länder eine abweichende Neufestsetzung vor, haben sie die Höhe der monatlichen Regelsätze entsprechend der Abstufung der Regelbedarfe gemäß Anlage zu § 28 SGB XII (beachten Sie bitte den Abdruck der Anlage auf Seite 98) durch Rechtsverordnung neu festzusetzen.

Die Regelbedarfsstufen wurden durch die Regelbedarfsstufen-Fortschreibungsverordnung 2012 (RBSFV 2012) erneut angehoben.

Nach dem RBEG werden die Regelleistungen in sechs Stufen unterteilt. Seit 1. 1. 2012 gelten folgende Werte:

- **Regelbedarfsstufe 1: 374 Euro**
  Für eine erwachsene leistungsberechtigte Person, die als alleinstehende oder alleinerziehende Person einen eigenen Haushalt führt; dies gilt auch dann, wenn in diesem Haushalt eine oder mehrere weitere erwachsene Personen leben, die der Regelbedarfsstufe 3 zuzuordnen sind.

- **Regelbedarfsstufe 2: 337 Euro**
  Für jeweils zwei erwachsene Leistungsberechtigte, die als Ehegatten, Lebenspartner oder in eheähnlicher oder lebenspartnerschaftsähnlicher Gemeinschaft einen gemeinsamen Haushalt führen.

- **Regelbedarfsstufe 3: 299 Euro**
  Für eine volljährige (ab dem 18. Lebensjahr) leistungsberechtigte Person, die weder einen eigenen Haushalt führt, noch als Ehegatte, Lebenspartner oder in eheähnlicher oder lebenspartnerschaftsähnlicher Gemeinschaft einen gemeinsamen Haushalt führt.

2

- **Regelbedarfsstufe 4: 287 Euro**
  Für eine leistungsberechtigte Jugendliche oder einen leistungsberechtigten Jugendlichen vom Beginn des 15. bis zur Vollendung des 18. Lebensjahres.

- **Regelbedarfsstufe 5: 251 Euro**
  Für ein leistungsberechtigtes Kind vom Beginn des siebten bis zur Vollendung des 14. Lebensjahres.

- **Regelbedarfsstufe 6: 219 Euro**
  Für ein leistungsberechtigtes Kind bis zur Vollendung des sechsten Lebensjahres.

Bezüglich einer Übergangsregelung für die Fortschreibung der Regelbedarfsstufen 4 bis 6 wird auf § 134 SGB XII verwiesen.

Regelbedarfsstufen nach § 28 SGB XII in Euro

gültig ab	Regel-bedarfs-stufe	Regel-bedarfs-stufe	Regel-bedarfs-stufe	Regel-bedarfs-stufe	Regel-bedarfs-stufe	Regel-bedarfs-stufe
	1	2	3	4	5	6
1. Januar 2012	374	337	299	287	251	219

Nach § 35 Abs. 4 SGB XII werden die Leistungen für Heizung und zentrale Warmwasserversorgung in tatsächlicher Höhe erbracht, allerdings nur, soweit sie angemessen sind. Dabei können die Leistungen durch eine monatliche Pauschale abgegolten werden. Bei der Bemessung dieser Pauschale sind die persönlichen und familiären Verhältnisse, die Größe und Beschaffenheit der Wohnung, die vorhandenen Heizmöglichkeiten und die örtlichen Gegebenheiten zu berücksichtigen. Der Faktor „Größe oder Beschaffenheit der Wohnung" wird zwar wesentlich die Leistungen für Heizung bestimmen. Bemessungskriterien können aber insbesondere auch die Klimalage des Wohnortes sowie die Energieart oder ein alters- oder gesundheitsbedingter Wärmebedarf sein.

Auf Antrag der leistungsberechtigten Person sind die Leistungen für die Unterkunft an den Vermieter oder andere Empfangsberechtigte zu zahlen. Sie sollen an eine solche Person gezahlt werden, wenn die zweckentsprechende Verwendung durch die leistungsberechtigte Person nicht sichergestellt wird. § 35 Abs. 1 SGB XII zählt hier seit 1. 1. 2011 verschiedene Möglichkeiten auf (beispielsweise bestehende Mietrückstände). Über die Zahlung an andere Personen muss der Sozialhilfeträger den Leistungsberechtigten schriftlich unterrichten.

Satzungsregelungen eines Kreises oder einer kreisfreien Stadt können unter bestimmten Voraussetzungen Regelungen für Unterkunftsleistungen vorsehen (§ 35a SGB XII). Dadurch wird gewährleistet, dass es keine Unterschiede hinsichtlich der Höhe der als angemessen anzuse-

Übersicht: Sonderbedarfe

2

Mehrbedarf	Einmalige Bedarfe	Sozial-versicherungs-beiträge	Hilfe zum Lebens-unterhalt in Sonderfällen
– **17%** der maßgebenden Regelbedarfsstufe: 65. Lebensjahr vollendet* oder voll erwerbsgemindert und einen entsprechenden Bescheid der zuständigen Behörde oder Schwerbehindertenausweis mit Merkzeichen „G"	Erstausstattung für die Wohnung einschl. Haushaltsgeräten	Freiwillig Versicherte und Rentenantragsteller sowie Versicherte nach § 5 Abs. 1 Nr. 13 SGB V (bisher nicht Versicherte) in der gesetzlichen Krankenversicherung	Übernahme von Schulden (Kannleistung)
↓	↓	↓	↓
– werdende Mütter nach der 12. Schwangerschaftswoche, im Einzelfall abweichender Bedarf	Erstausstattung für Bekleidung und bei Schwangerschaft und Geburt	Beiträge zur Kranken- und Pflegeversicherung werden übernommen (gilt auch für die Zusatzbeiträge in der gesetzlichen Krankenversicherung)	bei drohender Wohnungslosigkeit: Schulden sollen übernommen werden
↓	↓	↓	↓
– Pflege und Erziehung minderjähriger Kinder	Anschaffung und Reparaturen, etwa von orthopädischen Schuhen	Voraussetzung: Anspruch auf Leistungen zum Lebensunterhalt	Geldleistungen können als – Beihilfe oder – Dahrlehen erbracht werden
↓	↓	↓	
36 % der Regelbedarfsstufe 1: für 1 Kind unter 7 Jahren oder für 2–3 Kinder unter 16 Jahren – weitere Besonderheiten bestehen	Leistungen werden auch erbracht, wenn die anfragende Person keine Regelbedarfsleistungen benötigt, den Bedarf jedoch aus eigenen Kräften und Mitteln nicht vollständig decken kann	bei privater Krankenversicherung: Aufwendungen werden übernommen, soweit sie angemessen sind	
↓	↓	↓	
35 % der maßgebenden Regelbedarfsstufe: Behinderte Menschen, die das 15. Lebensjahr vollendet haben, im Einzelfall abweichender Bedarf	Leistungen an Erstausstattungen können als Pauschalbeträge erstattet werden	um angemessene Alterssicherung oder angemessenes Sterbegeld zu erreichen	
Mehrbedarf in angemessener Höhe: Kranke, Genesende, behinderte oder von Krankheit oder Behinderung bedrohte Menschen, die einer kostenaufwändigen Ernährung bedürfen			
Mehrbedarf bei dezentraler Warmwassererzeugung			

* bei Geburten ab 1. 1. 1947 schrittweise Anhebung der Altersgrenze

2

henden Kosten für Unterkunft und Heizung gibt. Dies ist insbesondere in sogenannten Mischbedarfsgemeinschaften von Bedeutung.

Für bestimmte Personengruppen nimmt der Gesetzgeber einen höheren Regelbedarf an (§ 30 SGB XII). Die Höhe des Mehrbedarfs richtet sich nach den Prozentsätzen der für ihn als Haushaltsangehörigen oder Haushaltsvorstand zustehenden Regelbedarfsstufe. Insgesamt dürfen die Mehrbedarfsleistungen 100 % der maßgebenden Regelbedarfsstufe nicht überschreiten.

Nur für wenige besondere Lebensumstände werden gesondert Leistungen für einmalige Bedarfe erbracht (§ 31 SGB XII). Diese können auch erbracht werden, wenn kein Anspruch auf Regelsatzleistungen besteht. In diesem Falle kann das Einkommen berücksichtigt werden, das innerhalb eines Zeitraums von bis zu sechs Monaten nach Ablauf des Monats erworben wird, in dem über die Leistung entschieden worden ist.

Leistungen zur Bildung und Teilhabe

Aufgrund des § 34 SGB XII werden Bedarfe für Bildung von Schülerinnen und Schülern, die eine allgemein- oder berufsbildende Schule besuchen, sowie Bedarfe von Kindern und Jugendlichen für Teilhabe am sozialen und kulturellen Leben in der Gemeinschaft neben den maßgebenden Regelbedarfsstufen gesondert berücksichtigt. Leistungen hierfür werden nach den Maßgaben des § 34a SGB XII gesondert erbracht.

Bei Schülerinnen und Schülern werden Bedarfe in Höhe der tatsächlichen Aufwendungen anerkannt für

- Schulausflüge und
- mehrtägige Klassenfahrten im Rahmen der schulrechtlichen Bestimmungen.

Das gilt auch für Kinder, die eine Kindertagesstätte besuchen. In § 34 Abs. 3 SGB XII geht es um die Bedarfe für die Ausstattung mit persönlichem Schulbedarf. Anerkannt werden

- für den Monat, in dem der erste Schultag liegt 70 Euro und
- für den Monat, in dem das zweite Schulhalbjahr beginnt, in Höhe von 30 Euro.

Ferner werden übernommen:

- Aufwendungen für Schülerbeförderungen in Höhe der dafür tatsächlich erforderlichen Kosten
- eine die schulischen Angebote ergänzende angemessene Lernförderung
- Mehraufwendungen für die Teilnahme an einer gemeinschaftlichen Mittagsverpflegung (auch für Kinder, die eine Tageseinrichtung besuchen oder für die Kindertagespflege geleistet wird), außerdem

- ein Betrag von 10 Euro monatlich zur Teilhabe am sozialen und kulturellen Leben in der Gemeinschaft (für Mitgliedsbeiträge in den Bereichen Sport, Spiel, Kultur und Geselligkeit, Teilnahme an Freizeiten, Unterricht in künstlerischen Fächern, wie zum Beispiel Musikunterricht).

Die Leistungen können auch durch Direktzahlungen an Anbieter erbracht werden (§ 34a Abs. 4 SGB XII). Hier sind auch Zahlungen für den gesamten Bewilligungszeitraum im Voraus möglich.

In begründeten Einzelfällen kann der Sozialhilfeträger Nachweise über eine zweckentsprechende Verwendung der Leistung verlangen (§ 34a Abs. 5 SGB XII).

Bestimmte Leistungen in Zusammenhang mit den Bedarfen für Bildung und Teilhabe werden auch durch Gutscheine erbracht. Im Übrigen sind die Übergangsregelungen des § 131 SGB XII zu beachten.

Haushaltsgemeinschaft, Vermutung der Bedarfsdeckung

Eine Vermutung der Bedarfsdeckung enthält § 39 SGB XII. Lebt danach eine Person, die Sozialhilfe beansprucht, gemeinsam mit anderen Personen in einer Wohnung oder in einer entsprechenden anderen Unterkunft, so wird vermutet, dass sie gemeinsam wirtschaften (Haushaltsgemeinschaft). Diese gesetzliche Vermutung kann widerlegt werden.

Es handelt sich hier um die doppelte Vermutung, dass nämlich

- Wohngemeinschaften auch Haushaltsgemeinschaften sind und
- in ihnen notfalls gegenseitige Leistungen zum Lebensunterhalt erbracht werden, wenn dies aufgrund des Einkommens und Vermögens zu erwarten ist.

Die Regelung knüpft an den objektiven Sachverhalt des „gemeinsamen Wohnens" an. Der Begriff „Wohnung" meint Wohnraum im Sinne des Wohngeldgesetzes, der darüber hinaus entsprechend der üblichen Zweckbestimmung einer Wohnung nach außen in gewisser Weise abgeschlossen ist. Eine „entsprechende andere Unterkunft" ist eine, die wie eine Wohnung nach außen in gewisser Weise abgeschlossen ist.

Die Regelung stellt eine Beweislastumkehr für die weiteren Voraussetzungen „gemeinsames Wirtschaften" und „Leistungserbringung" dar, die von Personen einer Wohngemeinschaft eher widerlegbar als von Trägern der Sozialhilfe beweisbar ist. Ob und wann die Vermutung als widerlegt angesehen werden kann, ist nach den gesamten Umständen des Einzelfalles zu entscheiden. Im Regelfalle wird eine Glaubhaftmachung oder zweifelsfreie Versicherung ausreichend sein.

Das Bedarfsdeckungsprinzip, das Leistungen für – wie auch immer – schon gedeckten Bedarf ausschließt, ist dadurch auch für Gemeinschaften, die ähnlich Familien gemeinsam wirtschaften, handhabbarer und durchsetzungsfähiger. Dies gilt insbesondere für eheähnliche Gemeinschaften.

Satz 3 des § 39 SGB XII schließt die Vermutung für bestimmte Fälle aus. Insbesondere gilt die Vermutung nicht für nachfragende Personen, die schwanger sind oder ihr leibliches Kind bis zur Vollendung seines sechsten Lebensjahres betreuen und mit ihren Eltern oder einem Elternteil zusammenleben. Ausgenommen von der Vermutung der Bedarfsdeckung sind ferner behinderte oder pflegebedürftige Personen, die von ihren Eltern oder einem Elternteil betreut werden. Dazu gehören auch Personen, die einzelne für ihren Lebensunterhalt erforderliche Tätigkeiten, z. B. Kochen, sich Waschen usw., nicht verrichten können. Dadurch soll eine persönliche Leistung, die innerhalb der Wohngemeinschaft erbracht wird, honoriert und gleichzeitig einem „Abschieben" in stationäre Unterbringung entgegengewirkt werden. Es sollen auch Wohngemeinschaften nicht in die Regelung einbezogen werden, die zur gegenseitigen Hilfe und Unterstützung gebildet werden, wie dies z. B. bei alten Menschen zunehmend der Fall ist. Dies dient auch der Entlastung öffentlicher Hilfen. Wird jedoch der Lebensunterhalt in solchen Fällen tatsächlich mit gedeckt, entfallen aufgrund des Bedarfsdeckungsprinzips Leistungen der Sozialhilfe.

Gewährung von Darlehen

Das SGB XII unterscheidet in den §§ 37 und 38 zwei Arten von Darlehen. Zum einen handelt es sich um ergänzende Darlehen und zum anderen um Darlehen bei einer vorübergehenden Notlage.

In der Gesetzesbegründung zum SGB XII wird besonders auf die ergänzenden Darlehen eingegangen. Infolge der weitreichenden Einbeziehung aller Leistungen der Hilfe zum Lebensunterhalt in den monatlich auszuzahlenden Regelsatz kann die Situation entstehen, dass ein notwendiger Bedarf tatsächlich nicht gedeckt werden kann. Ein derartiger Fall liegt z. B. dann vor, wenn mehrere größere Anschaffungen erforderlich sind und eine Neubeschaffung mangels ausreichender Ansparungen nicht möglich ist. In diesen Fällen sollen die Träger der Sozialhilfe die Möglichkeit haben, darlehensweise Leistungen zu erbringen. Dies wird jedoch nur in sehr engem Rahmen zugelassen. Zum einen muss es sich um einen unabweisbar gebotenen Bedarf handeln. Der Hinweis „auf keine andere Weise" bringt zum Ausdruck, dass die Leistungsberechtigten vorrangig auf eine andere Bedarfsdeckung, etwa aus dem Schonvermögen oder von dritter Seite, verwiesen werden sollen (z. B. auf Gebrauchtwarenlager und Kleiderkammern).

§ 37 Abs. 2 SGB XII enthält die Verpflichtung für den Sozialhilfeträger, für Leistungsberechtigte die von ihnen bis zur Belastungsgrenze zu leistenden Zuzahlungen in Form eines ergänzenden Darlehens zu übernehmen. Voraussetzung ist, dass der Leistungsberechtigte nicht wider

spricht. Die Auszahlung der für das gesamte Kalenderjahr zu leistenden Zuzahlungen erfolgt unmittelbar an die zuständige Krankenkasse
zum 1. 1. oder bei Aufnahme in eine stationäre Einrichtung. Der
Sozialhilfeträger teilt der zuständigen Krankenkasse spätestens bis zum
1. 11. des Vorjahres die Leistungsberechtigten, die das 18. Lebensjahr
vollendet haben, mit, soweit diese der Darlehensgewährung für das
laufende oder ein vorangegangenes Kalenderjahr nicht widersprochen
haben.

2

Die Rückzahlung solcher Darlehen erfolgt in gleichen Teilbeträgen über
das ganze Kalenderjahr (§ 37 Abs. 4 SGB XII). Im Übrigen können für
die Rückzahlung von Darlehen von den monatlichen Regelsätzen Teilbeträge bis zur Höhe von jeweils 5 % der Regelbedarfsstufe 1 einbehalten werden.

Praxis-Tipp:
Beachten Sie in diesem Zusammenhang das im Walhalla-Fachverlag
erschienene Buch „SGB V – Gesetzliche Krankenversicherung",
ISBN 978-3-8029-7387-1.

Sind Leistungen nur vorübergehend, d. h. voraussichtlich nur für kurze
Dauer zu erbringen, können Geldleistungen als Darlehen gewährt werden.

Leistungsbeschränkungen

Lehnen Leistungsberechtigte entgegen ihrer Verpflichtung die Aufnahme einer Tätigkeit oder die Teilnahme an einer erforderlichen Vorbereitung ab, vermindert sich die gemäß § 39a Abs. 1 SGB XII maßgebende
Regelbedarfsstufe um bis zu 25 %, bei wiederholter Ablehnung in
weiteren Stufen um jeweils bis zu 25 %. Die Leistungsberechtigten sind
vorher entsprechend zu belehren. Trotz fehlender Erwerbsfähigkeit im
Sinne des SGB II können manche Leistungsberechtigte wie z. B. voll
erwerbsgeminderte Zeitrentner bis zu drei Stunden täglich noch einer
eingeschränkten Erwerbstätigkeit nachgehen.

Ihrer Pflicht zur Annahme eines darauf abzielenden Unterstützungs-
angebots entspricht es, den Regelsatz bei Ablehnung solcher Angebote in Stufen abzusenken. Die in Einzelfällen schwer nachweisbare
Voraussetzung der Verweigerung zumutbarer Arbeit wurde durch die
objektive Voraussetzung der Ablehnung eines solchen Angebots er-
setzt. Gegenüber der vergleichbaren Leistungsabsenkung nach dem
SGB II wurden etwas geringfügigere Minderungsstufen festgelegt, um
die Verhältnismäßigkeit gegenüber der geringeren Erwerbsmöglich-
keit zu wahren.

2

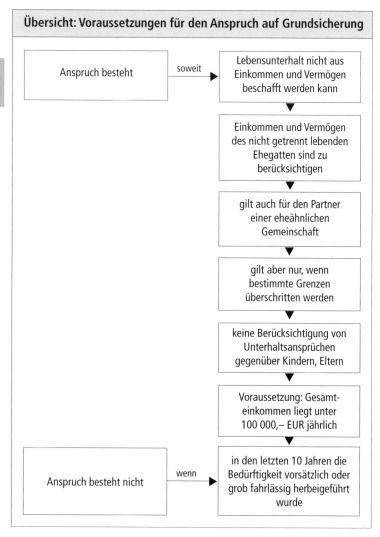

Übersicht: Voraussetzungen für den Anspruch auf Grundsicherung

| Anspruch besteht | soweit → | Lebensunterhalt nicht aus Einkommen und Vermögen beschafft werden kann |

↓

Einkommen und Vermögen des nicht getrennt lebenden Ehegatten sind zu berücksichtigen

↓

gilt auch für den Partner einer eheähnlichen Gemeinschaft

↓

gilt aber nur, wenn bestimmte Grenzen überschritten werden

↓

keine Berücksichtigung von Unterhaltsansprüchen gegenüber Kindern, Eltern

↓

Voraussetzung: Gesamteinkommen liegt unter 100 000,– EUR jährlich

↓

| Anspruch besteht nicht | wenn → | in den letzten 10 Jahren die Bedürftigkeit vorsätzlich oder grob fahrlässig herbeigeführt wurde |

Grundsicherung im Alter und bei Erwerbsminderung

Die Vorschriften der §§ 41 bis 46 SGB XII traten an die Stelle des früheren „Gesetzes über eine bedarfsorientierte Grundsicherung im Alter und bei Erwerbsminderung (GSiG)".

Zur Sicherung des Lebensunterhalts im Alter und bei dauerhafter Erwerbsminderung können Personen mit gewöhnlichem Aufenthalt im Inland, die sich im Alter zwischen 18 Jahren und der Altersgrenze zum Erreichen der Regelaltersrente (früher 65 Jahre, wird schrittweise auf 67 Jahre angehoben) befinden, auf Antrag die Leistungen der Grundsicherung im Alter und bei Erwerbsminderung erhalten.

2

Die hier angesprochene Leistung ist ursprünglich zur Verhinderung der sogenannten verschämten Armut eingeführt worden. Ein wichtiger Bestandteil des damaligen Gesetzes war, dass auf den Unterhaltsrückgriff gegenüber Kindern und Eltern im Wesentlichen verzichtet wurde. Dies ist auch in das SGB XII übernommen worden.

§ 44 SGB XII enthält besondere Verfahrensregelungen für die Leistung der Grundsicherung im Alter und bei Erwerbsminderung. Danach wird die Leistung in der Regel für zwölf Kalendermonate bewilligt. Bei der Erstbewilligung oder bei einer Änderung der Leistung beginnt der Bewilligungszeitraum am Ersten des Monats, in dem der Antrag gestellt worden ist oder die Voraussetzungen für die Änderung eingetreten und mitgeteilt worden sind. Bei einer Erstbewilligung nach dem Bezug von Arbeitslosengeld II oder Sozialgeld nach dem SGB II beginnt der Bewilligungszeitraum mit dem Ersten des Monats, in dem die Altersgrenze für die Regelaltersgrenze erreicht wird. § 45 SGB XII, der sich mit der Feststellung der dauerhaften vollen Erwerbsminderung beschäftigt, ist mit Wirkung seit 1. 1. 2011 durch das „Gesetz zur Weiterentwicklung der Organisation der Grundsicherung für Arbeitsuchende" neu gefasst worden.

Nach wie vor gilt, dass der Rentenversicherungsträger zur Überprüfung der medizinischen Voraussetzungen zuständig ist. Dies bestimmt § 45 SGB XII, während sich § 46 SGB XII mit der Zusammenarbeit zwischen den Sozialhilfeträgern und den Trägern der Rentenversicherung beschäftigt.

Hilfen zur Gesundheit

Die Vorschriften des SGB XII über die Hilfen zur Gesundheit (§§ 47 bis 52) sind im Wesentlichen aus dem BSHG übernommen worden. Die vorbeugende Gesundheitshilfe war allerdings im BSHG zusammen mit der Hilfe bei Krankheit in einer Vorschrift geregelt worden. Um die besondere Bedeutung der vorbeugenden Gesundheitshilfe zu betonen, wird diese Hilfeform nunmehr gesondert in § 47 SGB XII aufgeführt, der an den Anfang des Kapitels über die Hilfen zur Gesundheit gestellt wurde.

Als Hilfearten werden genannt:

- Vorbeugende Gesundheitshilfe
- Hilfe bei Krankheit
- Hilfe zur Familienplanung

- Hilfe bei Schwangerschaft und Mutterschaft
- Hilfe bei Sterilisation

§ 52 SGB XII beschäftigt sich mit der Leistungserbringung und der Vergütung. Danach entsprechen die Hilfen nach den §§ 47 bis 51 SGB XII den Leistungen der gesetzlichen Krankenversicherung. Soweit Krankenkassen in ihrer Satzung Umfang und Inhalt der Leistungen bestimmen können, entscheidet der Sozialhilfeträger über Umfang und Inhalt der Hilfen nach pflichtgemäßem Ermessen.

In diesem Zusammenhang ist § 264 SGB V (Gesetzliche Krankenversicherung) zu beachten. Nach Absatz 2 dieser Vorschrift wird die Krankenbehandlung von Leistungsbeziehern nach dem SGB XII (Ausnahme: Grundsicherung im Alter und bei Erwerbsminderung) sowie von Empfängern laufender Leistungen des Asylbewerberleistungsgesetzes, die nicht versichert sind, von den Krankenkassen übernommen. Vorstehendes gilt nicht für Empfänger, die voraussichtlich nicht mindestens einen Monat ununterbrochen Hilfe zum Lebensunterhalt beziehen.

Personen, die lediglich Beiträge für eine angemessene Alterssicherung oder auf ein angemessenes Sterbegeld erhalten (§ 33 SGB XII), sind ebenfalls ausgenommen. Beim Anspruch auf Sozialhilfe im Ausland gilt § 264 SGB V ebenfalls nicht.

Die von § 264 SGB V erfassten Leistungsempfänger haben unverzüglich die Krankenkasse im Bereich des für Hilfe zuständigen Trägers der Sozialhilfe zu wählen, die ihre Krankenbehandlung übernimmt. Leben mehrere Empfänger in häuslicher Gemeinschaft, wird das Wahlrecht vom Haushaltsvorstand für sich und für die Familienangehörigen ausgeübt, die bei Versicherungspflicht des Haushaltsvorstandes familienversichert wären.

Wird das Wahlrecht nicht ausgeübt, gelten § 28i SGB IV (Gemeinsame Vorschriften für die Sozialversicherung) und § 175 Abs. 3 Satz 2 SGB V entsprechend. Dies bedeutet, dass der Sozialhilfeträger die zuständige Krankenkasse zu bestimmen hat.

Wenn Empfänger nicht mehr bedürftig im Sinne des SGB XII sind, meldet der Sozialhilfeträger diese bei der jeweiligen Krankenkasse ab. Bei der Abmeldung hat der Sozialhilfeträger die Krankenversichertenkarte vom Empfänger einzuziehen und an die Krankenkasse zu übermitteln. Aufwendungen, die der Krankenkasse nach Abmeldung durch eine missbräuchliche Verwendung der Karte entstehen, hat der Träger der Sozialhilfe zu erstatten. Dies gilt allerdings nicht in den Fällen, in denen die Krankenkasse aufgrund gesetzlicher Vorschriften oder vertraglicher Vereinbarungen verpflichtet ist, ihre Leistungspflicht vor der Inanspruchnahme der Leistungen zu prüfen.

Die Aufwendungen, die den Krankenkassen durch die Übernahme der Krankenbehandlung entstehen, werden ihnen von den für die Hilfe zuständigen Sozialhilfeträgern vierteljährlich erstattet. Alle angemessenen Verwaltungskosten einschließlich Personalaufwand werden bis zu 5 % der abgerechneten Leistungsaufwendungen festgelegt. Wenn Anhaltspunkte für eine unwirtschaftliche Leistungserbringung oder -gewährung vorliegen, kann der zuständige Sozialhilfeträger von der jeweiligen Krankenkasse verlangen, die Angemessenheit der Aufwendungen zu prüfen und nachzuweisen.

2

Eingliederungshilfe für behinderte Menschen

Mit der Eingliederungshilfe für behinderte Menschen beschäftigen sich die §§ 53 bis 60 SGB XII und die Eingliederungshilfe-Verordnung. Angesprochen sind nach § 53 Abs. 1 SGB XII Personen, die durch eine Behinderung im Sinne von § 2 Abs. 1 Satz 1 SGB IX (Rehabilitation und Teilhabe behinderter Menschen) wesentlich in ihrer Fähigkeit, an der Gesellschaft teilzuhaben, eingeschränkt sind. Das gilt auch für Personen, die von einer solchen wesentlichen Behinderung bedroht sind. All diese Personen erhalten Leistungen der Eingliederungshilfe, wenn und solange nach der Besonderheit des Einzelfalles Aussicht besteht, dass die Aufgabe der Eingliederungshilfe erfüllt werden kann. Nach § 2 Abs. 1 Satz 1 SGB IX sind Menschen behindert, wenn ihre körperliche Funktion, geistige Fähigkeit oder seelische Gesundheit mit hoher Wahrscheinlichkeit länger als sechs Monate von dem für das jeweilige Lebensalter typischen Zustand abweichen und daher ihre Teilnahme am Leben in der Gemeinschaft beeinträchtigt ist.

Als Leistungen der Eingliederungshilfe bezeichnet § 54 SGB XII auch die Leistungen nach den §§ 26, 33, 41 und 55 SGB IX. § 26 SGB IX sieht die Leistungen zur medizinischen Rehabilitation vor. Zur medizinischen Rehabilitation behinderter und von Behinderung bedrohter Menschen werden die erforderlichen Leistungen erbracht, um beispielsweise Behinderungen einschließlich chronischer Krankheiten abzuwenden, zu beseitigen, zu mindern, auszugleichen oder eine Verschlimmerung zu verhüten. Des Weiteren werden Leistungen erbracht, um Einschränkungen der Erwerbsfähigkeit und Pflegebedürftigkeit zu vermeiden, zu überwinden, zu mindern, eine Verschlimmerung zu verhüten sowie den vorzeitigen Bezug von laufenden Sozialleistungen zu vermeiden oder laufende Sozialleistungen zu mindern.

Die Leistungen zur medizinischen Rehabilitation umfassen beispielsweise ärztliche und zahnärztliche Behandlung, Arznei- und Verbandmittel sowie Heil- und Hilfsmittel, aber auch die Früherkennung und Frühförderung behinderter und von Behinderung bedrohter Kinder. Bestandteil der Leistungen sind auch medizinische, psychologische und pädagogische Hilfen, soweit diese Leistungen im Einzelfall erforderlich sind, um die genannten Ziele zu erreichen oder zu sichern. Auch sollen Krankheitsfolgen vermieden, überwunden, gemindert oder ihre Verschlimmerung verhütet werden. Zu diesem Zweck werden Selbsthilfepotenziale aktiviert, lebenspraktische Fähigkeiten trainiert usw.

§ 33 SGB IX beschäftigt sich mit den Leistungen zur Teilhabe am Arbeitsleben. Danach werden die erforderlichen Leistungen erbracht, um die Erwerbsfähigkeit behinderter oder von Behinderung bedrohter Menschen entsprechend ihrer Leistungsfähigkeit zu erhalten, zu verbessern, herzustellen oder wiederherzustellen und ihre Teilhabe am Arbeitsleben möglichst auf Dauer zu sichern.

Die Leistungen umfassen beispielsweise Hilfen zur Erhaltung oder Erlangung eines Arbeitsplatzes einschließlich Leistungen zur Beratung und Vermittlung, Trainingsmaßnahmen und Mobilitätshilfen. Dazu gehört auch die Berufsvorbereitung einschließlich einer wegen der Behinderung erforderlichen Grundausbildung.

Bei der Auswahl der Leistungen werden Eignung, Neigung, bisherige Tätigkeit sowie Lage und Entwicklung auf dem Arbeitsmarkt angemessen berücksichtigt. Soweit erforderlich, wird dabei die berufliche Eignung abgeklärt oder eine Arbeitserprobung durchgeführt. In diesen Fällen werden beispielsweise die erforderlichen Kosten für Unterkunft und Verpflegung, aber auch die Reisekosten sowie Haushaltshilfe und Kinderbetreuungskosten, übernommen.

§ 41 SGB IX sieht Leistungen im Arbeitsbereich einer anerkannten Werkstatt für behinderte Menschen vor. Voraussetzung ist insbesondere, dass eine Beschäftigung auf dem allgemeinen Arbeitsmarkt wegen Art oder Schwere der Behinderung nicht, noch nicht oder noch nicht wieder in Betracht kommt. Die behinderten Menschen müssen aber in der Lage sein, wenigstens ein Mindestmaß an wirtschaftlich verwertbarer Arbeitsleistung zu erbringen.

§ 54 Abs. 3 SGB XII bestimmt, dass eine Leistung der Eingliederungshilfe auch die Hilfe für die Betreuung in einer Pflegefamilie ist. Das gilt, soweit eine geeignete Pflegeperson Kinder und Jugendliche über Tag und Nacht in ihrem Haushalt versorgt und dadurch der Aufenthalt in einer vollstationären Einrichtung der Behindertenhilfe vermieden oder beendet werden kann. Die Pflegeperson bedarf einer Erlaubnis nach § 44 SGB VIII. § 54 Abs. 3 SGB XII tritt am 31. 12. 2013 außer Kraft.

In § 55 SGB IX geht es um Leistungen zur Teilhabe am Leben in der Gemeinschaft. Als solche Leistungen werden die Leistungen erbracht, die den behinderten Menschen die Teilhabe am Leben in der Gesellschaft ermöglichen oder sichern oder ihn so weit wie möglich von der Pflege unabhängig machen.

§ 57 SGB XII sieht die Möglichkeit vor, dass Leistungsberechtigte auf Antrag Leistungen der Eingliederungshilfe auch als Teil eines trägerübergreifenden Persönlichen Budgets erhalten können. § 17 Abs. 2 bis 4

SGB IX in Verbindung mit der Budgetverordnung (BudgetV) sind insoweit anzuwenden.

§ 17 Abs. 2 SGB IX sieht vor, dass auf Antrag Leistungen zur Teilhabe auch durch ein monatliches Persönliches Budget ausgeführt werden können. Damit soll den Leistungsberechtigten in eigener Verantwortung ein möglichst selbstbestimmtes Leben ermöglicht werden. Bei der Ausführung des Persönlichen Budgets sind nach Maßgabe des individuell festgestellten Bedarfs die Rehabilitationsträger, die Pflegekassen und die Integrationsämter beteiligt. Das Persönliche Budget wird von den beteiligten Leistungsträgern trägerübergreifend als Komplexleistung erbracht.

Budgetfähige Leistungen sind solche Leistungen, die sich auf alltägliche, regelmäßig wiederkehrende und regiefähige Bedarfe beziehen und als Geldleistungen oder durch Gutscheine erbracht werden können. Eine Pauschalierung weiterer Leistungen bleibt unberührt. An die Entscheidung ist der Antragsteller für die Dauer von sechs Monaten gebunden.

Nach § 17 Abs. 3 SGB IX werden Persönliche Budgets in der Regel als Geldleistung ausgeführt. In begründeten Fällen sind Gutscheine auszugeben. Persönliche Budgets werden so bemessen, dass der individuell festgestellte Bedarf gedeckt wird und die erforderliche Beratung und Unterstützung erfolgen kann. Dabei soll die Höhe des Persönlichen Budgets die Kosten bisher individuell festgestellter, ohne das Persönliche Budget zu erbringende Leistungen nicht überschreiten.

Enthält das Persönliche Budget Leistungen mehrerer Leistungsträger, erlässt der nach § 14 SGB IX erstangegangene und beteiligte Leistungsträger im Auftrag und im Namen der anderen beteiligten Leistungsträger den Verwaltungsakt und führt das weitere Verfahren durch (§ 17 Abs. 4 SGB IX).

Durch § 21a SGB IX wird das Bundesministerium für Arbeit und Soziales ermächtigt, durch Rechtsverordnung mit Zustimmung des Bundesrates Näheres zum Inhalt und der Ausführung des Persönlichen Budgets, zum Verfahren sowie zur Zuständigkeit bei Beteiligung mehrerer Leistungsträger zu regeln. In diesem Zusammenhang ist die Budgetverordnung ergangen (abgedruckt ab Seite 119).

Nach § 58 SGB XII stellt der Träger der Sozialhilfe so frühzeitig wie möglich einen Gesamtplan zur Durchführung der einzelnen Leistungen auf. Bei der Aufstellung des Gesamtplans und der Durchführung der Leistungen wirkt der Träger der Sozialhilfe mit dem behinderten Menschen und den sonst im Einzelfall Beteiligten zusammen. Dabei handelt es sich insbesondere um den behandelnden Arzt, das Gesundheitsamt, den Landesarzt, das Jugendamt und die Dienststellen der Bundesagentur für Arbeit.

Hilfe zur Pflege

Hilfe zur Pflege als Leistung der Sozialhilfe wird in den §§ 61 bis 66 SGB XII vorgesehen. § 61 Abs. 1 SGB XII spricht Personen an, die wegen einer körperlichen, geistigen oder seelischen Krankheit oder Behinderung für die gewöhnlichen und regelmäßig wiederkehrenden Verrichtungen im Ablauf des täglichen Lebens auf Dauer, voraussichtlich aber für mindestens sechs Monate, in erheblichem oder größerem Maße der Hilfe bedürfen. Unter bestimmten Voraussetzungen wird auch eine geringere Pflegedauer anerkannt.

Die Hilfe zur Pflege umfasst nach § 61 Abs. 2 SGB XII häusliche Pflege, Hilfsmittel, teilstationäre Pflege, Kurzzeitpflege und stationäre Pflege. Der Inhalt der Leistungen bestimmt sich nach den Regelungen der Pflegeversicherung für die in § 28 Abs. 1 Nr. 1, 5 bis 8 SGB XI (Soziale Pflegeversicherung) aufgeführten Leistungen.

§ 28 Abs. 1 Nr. 1 SGB XI sieht die Gewährung von Pflegesachleistungen vor. Es handelt sich hier um den in § 36 SGB XI vorgesehenen Anspruch auf Grundpflege und hauswirtschaftliche Versorgung als Sachleistung (häusliche Pflegehilfe). Die Nrn. 5 bis 8 des § 28 Abs. 1 SGB XI beinhalten Pflegehilfsmittel und technische Hilfen (vgl. dazu § 40 SGB XI), Tagespflege und Nachtpflege (§ 41 SGB XI), Kurzzeitpflege (§ 42 SGB XI) und vollstationäre Pflege (§ 43 SGB XI). § 28 Abs. 4 SGB XI gilt entsprechend.

Nach der letztgenannten Vorschrift soll die Pflege auch die Aktivierung des Pflegebedürftigen zum Ziel haben, um vorhandene Fähigkeiten zu erhalten und – soweit dies möglich ist – verlorene Fähigkeiten zurückzugewinnen. Nach ausdrücklicher Vorschrift in § 61 Abs. 2 SGB XII ist § 28 Abs. 4 SGB XI entsprechend anzuwenden. Danach soll die Pflege auch die Aktivierung des Pflegebedürftigen zum Ziel haben, um vorhandene Fähigkeiten zu erhalten und – soweit dies möglich ist – verlorene Fähigkeiten zurückzugewinnen. Um der Gefahr einer Vereinsamung des Pflegebedürftigen entgegenzuwirken, sollen bei der Leistungserbringung auch die Bedürfnisse des Pflegebedürftigen nach Kommunikation berücksichtigt werden.

Die Hilfe zur Pflege kann auf Antrag auch als Teil eines trägerübergreifenden Persönlichen Budgets erbracht werden (vgl. dazu die obigen Ausführungen ab Seite 30).

§ 61 Abs. 3 SGB XII bestimmt, welche Krankheiten oder Behinderungen vorzuliegen haben. § 62 SGB XII sieht die Bindung an die Entscheidung der Pflegekasse vor. In § 63 SGB XII geht es um die häusliche Pflege, in § 64 SGB XII um Pflegegeld und in § 65 SGB XII um andere Leistungen. Bestimmte Leistungen werden nicht erbracht, soweit Pflegebedürftige gleichartige Leistungen nach anderen Rechtsvorschriften erhalten (§ 66 Abs. 1 SGB XII).

Über die bisherige Regelung hinaus enthält § 66 Abs. 3 SGB XII die Möglichkeit, dass das Pflegegeld bei teilstationärer Betreuung der Pflegebedürftigen nach § 64 SGB XII angemessen gekürzt werden kann. Die Ausdehnung erfolgt auf vergleichbare (teilstationäre) Betreuungen bei Pflegebedürftigen, die nach anderen Rechtsvorschriften gewährt werden (z. B. Beihilfe). Maßgebend hierfür ist – so die Begründung zum Gesetzentwurf – die Erwägung, dass sowohl bei der vom Träger der Sozialhilfe als auch nach der von einem anderen Träger finanzierten teilstationären Betreuung die Pflegeperson in gleicher Weise für die Dauer der teilstationären Betreuung von ihrer pflegerischen Tätigkeit entlastet wird. Die Kürzungsmöglichkeit steht im pflichtgemäßen Ermessen des Trägers der Sozialhilfe. Entsprechend dem Individualisierungsgrundsatz in der Sozialhilfe sind bei der Kürzungsregelung wegen teilstationärer Betreuung sämtliche Umstände des Einzelfalls zu berücksichtigen. Hierbei wird es neben der Dauer der teilstationären Betreuung auch auf die Feststellung ankommen, ob und inwieweit die Pflegeperson durch die teilstationäre Betreuung von ihrer pflegerischen Tätigkeit tatsächlich entlastet wird.

2

Hilfe zur Überwindung besonderer sozialer Schwierigkeiten

Die §§ 67 bis 69 SGB XII beschäftigen sich mit der Hilfe zur Überwindung besonderer sozialer Schwierigkeiten. Die Bestimmungen entsprechen denen im bisherigen BSHG. Der Anspruch besteht nur dann, wenn die Betroffenen aus eigener Kraft dazu nicht fähig sind. Soweit Anspruch nach anderen Vorschriften des SGB XII oder des SGB VIII (Kinder- und Jugendhilfe) besteht, gehen diese den Leistungen nach den §§ 67 bis 69 SGB XII vor.

Hilfe in anderen Lebenslagen

Die §§ 70 bis 74 SGB XII beschäftigen sich mit der Hilfe in anderen Lebenslagen, und zwar:

- § 70 SGB XII: Hilfe zur Weiterführung des Haushalts
- § 71 SGB XII: Altenhilfe
- § 72 SGB XII: Blindenhilfe
- § 73 SGB XII: Hilfe in sonstigen Lebenslagen
- § 74 SGB XII: Bestattungskosten

Hilfe zur Weiterführung des Haushalts wird gewährt, wenn keiner der Haushaltsangehörigen den Haushalt führen kann und die Weiterführung des Haushalts geboten ist. § 70 SGB XII entspricht dem bisherigen Recht. Dies gilt auch für die Altenhilfe des § 71 SGB XII. § 71 Abs. 2 Nr. 1 SGB XII ist um die Leistungen zum gesellschaftlichen Engagement ergänzt worden. Diese Ergänzung stellt klar, dass die Förderung des

2

gesellschaftlichen Engagements auch für alte Menschen eine besondere Bedeutung haben kann.

In § 72 SGB XII geht es um die Blindenhilfe. Auch hier wurde im Wesentlichen das bisherige Recht übernommen. Mit einer Ergänzung des § 72 Abs. 1 SGB XII wurde entsprechend eines Vorschlages einer Arbeitsgruppe der Bundesarbeitsgemeinschaft der überörtlichen Sozialhilfeträger und des Deutschen Blinden- und Sehbehindertenverbandes e. V. eine gestaffelte Kürzungsvorgabe eingeführt. Die bisherige Ermessensausübung, die im Übrigen mit einem hohen Verwaltungsaufwand verbunden war, wurde dadurch abgelöst und gleichzeitig eine bundeseinheitliche Regelung geschaffen. Weiter wurden zur Klarstellung die privat- und beamtenrechtlichen Regelleistungen in die Ausdehnung mit einbezogen.

Leistungen können nach § 73 SGB XII auch in sonstigen Lebenslagen erbracht werden, wenn sie den Einsatz öffentlicher Mittel rechtfertigen. Dabei können Geldleistungen als Beihilfe oder als Darlehen erbracht werden. § 74 SGB XII (Bestattungskosten) entspricht ebenfalls dem früheren Recht.

Einrichtungen

Das Zehnte Kapitel des SGB XII beschäftigt sich mit Einrichtungen. Dabei handelt es sich gemäß § 75 Abs. 1 SGB XII um stationäre und teilstationäre Einrichtungen. Nach § 75 Abs. 2 SGB XII sollen Träger der Sozialhilfe eigene Einrichtungen nicht neu schaffen, soweit geeignete Einrichtungen anderer Träger vorhanden sind, aufgebaut oder geschaffen werden können. Gemäß § 75 Abs. 3 SGB XII ist der Träger der Sozialhilfe zur Vergütungsübernahme nur verpflichtet, soweit die Leistung von einer Einrichtung erbracht wird, wenn mit dem Träger der Einrichtung oder einem Verband eine Vereinbarung getroffen worden ist.

Aus der Vereinbarung müssen sich unter anderem Inhalt, Umfang und Qualität der Leistungen ergeben (Leistungsvereinbarung). Außerdem müssen eine Vergütungs- und eine Prüfungsvereinbarung geschlossen werden. Einzelheiten über den Inhalt und Abschluss von Vereinbarungen ergeben sich aus § 76 und § 77 SGB XII. Allerdings wurde hier der Forderung der Praxis Rechnung getragen, die Schiedsstellenfähigkeit auf die Leistungsvereinbarung zu erstrecken. Damit wird vermieden, dass der Abschluss einer Vergütungsvereinbarung, die die Leistungsvereinbarung voraussetzt, von einer Partei verhindert werden kann. Im Übrigen erleichtert die Schiedsstellenfähigkeit der Leistungsvereinbarung die Möglichkeit, im Rahmen des Persönlichen Budgets neue Dienste zu gewinnen.

Einsatz von Einkommen und Vermögen

Rechtsgrundlage für die Berücksichtigung des Einkommens ist § 82 SGB XII. Durch eine Ergänzung in § 82 Abs. 1 SGB XII wurde klargestellt, dass auch Grundrenten (Beschädigten- und Hinterbliebenengrundrenten), die nach den Gesetzen gezahlt werden, die eine entsprechende Anrechnung des BVG vorsehen – beispielsweise das Opferentschädigungsgesetz (OEG) oder das Infektionsschutzgesetz (IfSG) – nicht als Einkommen gelten. Die früher unterschiedliche Berechnungsregelung ist vereinheitlicht worden. Die Zurechnung des Kindergeldes beim minderjährigen Kind, das typischerweise in einem gemeinsam wirtschaftenden Familienhaushalt lebt, hat zum Ziel, die Sozialhilfebedürftigkeit möglichst vieler Kinder zu beseitigen.

Durch eine weitere Ergänzung des § 82 Abs. 1 SGB XII wird klargestellt, dass Einkünfte auf Rückerstattungen, die auf Vorauszahlungen beruhen, die Leistungsberechtigte aus dem Regelbedarf erbracht haben, kein Einkommen sind.

Mit dem im Schaubild auf Seite 36 erwähnten Arbeitsförderungsgeld werden in Privathaushalten wohnende Beschäftigte, die Hilfe zum Lebensunterhalt beziehen, den in einer vollstationären Einrichtung lebenden Beschäftigten gleichgestellt. In § 43 SGB IX ist zur Verbesserung der Entgeltsituation der Beschäftigten im Arbeitsbereich der Werkstatt für behinderte Menschen ein Arbeitsförderungsgeld eingeführt worden, das neben dem bisherigen Arbeitsentgelt gezahlt wird.

Im Unterschied zum früheren Recht kommt durch die Einführung der neuen Leistung Arbeitslosengeld II durch das SGB II im Rahmen der Hilfe zum Lebensunterhalt eine Einkommensanrechnung im Wesentlichen nur noch für Tätigkeiten von weniger als drei Stunden täglich in Betracht. Hierfür erschien eine einfache und praktikable Anrechnung sinnvoll. Diese wird durch die in § 82 Abs. 3 SGB XII vorgesehene prozentuale und insbesondere einheitliche Anrechnung erreicht. Bei der Hilfe – mit Ausnahme der Hilfe zum Lebensunterhalt und der Grundsicherung im Alter und bei Erwerbsminderung – ist der nachfragenden Person und ihrem nicht getrennt lebenden Ehegatten oder (gleichgeschlechtlichen) Lebenspartner die Aufbringung der Mittel unter bestimmten Voraussetzungen nicht zuzumuten. Bedingung ist, dass während der Dauer des Bedarfs ihr monatliches Einkommen zusammen eine bestimmte Einkommensgrenze nicht übersteigt. Erhält ein Leistungsberechtigter mindestens aus einer Tätigkeit Einnahmen oder Bezüge, die nach bestimmten Vorschriften des Einkommensteuergesetzes (EStG) steuerfrei sind, werden bis zu 175 Euro monatlich nicht als Einkommen berücksichtigt. Beispielsweise werden hier Einnahmen aus nebenberuflicher Tätigkeit als Übungsleiter, Ausbilder, Erzieher oder Betreuer (§ 3 Nr. 26 EStG) angesprochen.

2

Einkommen

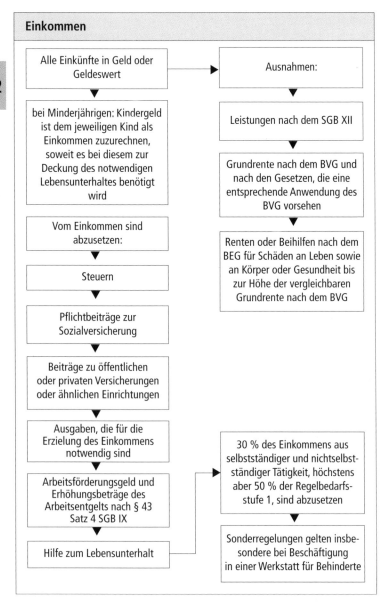

Alle Einkünfte in Geld oder Geldeswert

→ Ausnahmen:

bei Minderjährigen: Kindergeld ist dem jeweiligen Kind als Einkommen zuzurechnen, soweit es bei diesem zur Deckung des notwendigen Lebensunterhaltes benötigt wird

Leistungen nach dem SGB XII

↓

Grundrente nach dem BVG und nach den Gesetzen, die eine entsprechende Anwendung des BVG vorsehen

↓

Renten oder Beihilfen nach dem BEG für Schäden an Leben sowie an Körper oder Gesundheit bis zur Höhe der vergleichbaren Grundrente nach dem BVG

Vom Einkommen sind abzusetzen:

↓

Steuern

↓

Pflichtbeiträge zur Sozialversicherung

↓

Beiträge zu öffentlichen oder privaten Versicherungen oder ähnlichen Einrichtungen

↓

Ausgaben, die für die Erzielung des Einkommens notwendig sind

↓

Arbeitsförderungsgeld und Erhöhungsbeträge des Arbeitsentgelts nach § 43 Satz 4 SGB IX

↓

Hilfe zum Lebensunterhalt

30 % des Einkommens aus selbstständiger und nichtselbstständiger Tätigkeit, höchstens aber 50 % der Regelbedarfsstufe 1, sind abzusetzen

↓

Sonderregelungen gelten insbesondere bei Beschäftigung in einer Werkstatt für Behinderte

Vermögen

Grundsatz: Einzusetzen ist das gesamte verwertbare Vermögen

Ausnahmen:

Vermögen	wird aus öffentlichen Mitteln zum Aufbau oder zur Sicherung einer Lebensgrundlage oder zur Gründung eines Hausstandes erbracht
Kapital einschl. Erträge	wird als zusätzliche Altersversorgung staatlich gefördert
sonstiges Vermögen	solange es nachweislich zur baldigen Beschaffung oder Erhaltung eines Hausgrundstückes dient
Hausrat	soweit er angemessen ist
Gegenstände	sind zur Aufnahme oder Fortsetzung der Berufsausbildung oder der Erwerbstätigkeit unentbehrlich
angemessenes Hausgrundstück	das allein oder zusammen mit Angehörigen ganz oder teilweise bewohnt wird und nach dem Tod von den Angehörigen bewohnt werden soll
kleinere Barbeträge oder sonstige Geldwerte	eine besondere Notlage der nachfragenden Person ist zu berücksichtigen
kein Einsatz oder Verwertung eines Vermögens, soweit ein Härtefall vorliegt	insbesondere bei Leistungen außerhalb der Hilfe zum Lebensunterhalt und der Grundsicherung im Alter und bei Erwerbsminderung, wenn eine angemessene Lebensführung oder die Aufrechterhaltung einer angemessenen Alterssicherung wesentlich erschwert würde

Auch die Vorschriften über die Anrechnung des Vermögens (§ 90 SGB XII) entsprechen dem früheren Recht des BSHG (siehe dazu das Schaubild auf Seite 37). Unverändert geblieben ist dabei auch die Behandlung von kleineren Beträgen und sonstigen Geldwerten, die in der DVO zu § 90 Abs. 2 Nr. 9 SGB XII näher definiert sind.

§ 92a SGB XII regelt den Einkommenseinsatz bei Unterbringung in einer teilstationären oder stationären Einrichtung. Hiernach kann die Aufbringung der Mittel im Rahmen der Leistungen zum laufenden Lebensunterhalt und der Grundsicherung im Alter und bei Erwerbsminderung aus dem gemeinsamen Einkommen des Hilfeberechtigten und seinem von ihm nicht getrennt lebenden Ehegatten oder Lebenspartner verlangt werden. Dies gilt allerdings nur, soweit Aufwendungen für den häuslichen Lebensunterhalt erspart werden.

Darüber hinaus soll in angemessenem Umfang die Aufbringung der Mittel verlangt werden, wenn voraussichtlich längere Zeit Leistungen für die Unterbringung in einer stationären Einrichtung erbracht werden.

Mit der Regelung wird dem Grundsatz der Gleichbehandlung Rechnung getragen. Das frühere Recht privilegierte einseitig nur die Fälle, bei denen der Heimbewohner seinen zu Hause lebenden (Ehe-)Partner überwiegend unterhält. Nur in diesen Fällen konnte der Einsatz des Einkommens des Heimbewohners auf die Höhe der häuslichen Ersparnis begrenzt werden. Nach der Rechtsprechung des Bundesverwaltungsgerichts ist die häusliche Ersparnis regelmäßig auf die Höhe des Regelbedarfs beschränkt. In den Fällen, in denen der zu Hause lebende (Ehe-)Partner über eigenes Einkommen verfügt und damit zumindest einen überwiegenden Teil seines Lebensbedarfs selbst decken kann, musste das Einkommen des Heimbewohners dagegen in voller Höhe zur Finanzierung der Kosten der Heimunterbringung eingesetzt werden. Dies führte dazu, dass Ehepaare in äußerst unterschiedlicher Höhe zu den Kosten der Heimunterbringung herangezogen wurden, auch wenn diese Paare über ein gleich hohes gemeinsames Einkommen verfügten.

Welche Beteiligung an den Kosten der Heimunterbringung angemessen ist, richtet sich nach den Umständen des Einzelfalles. Neben der Dauer der erforderlichen Aufwendungen sowie den besonderen Belastungen des Leistungsberechtigten ist nach § 92a Abs. 3 SGB XII auch die bisherige Lebenssituation des im Haushalt verbliebenen, nicht getrennt lebenden Ehegatten oder Lebenspartners sowie der im Haushalt lebenden minderjährigen, unverheirateten Kinder zu berücksichtigen.

Welcher Selbstbehalt dem im Haushalt verbliebenen (Ehe-)Partner sowie den im Haushalt lebenden minderjährigen, unverheirateten Kindern zu belassen ist, richtet sich nach den Gegebenheiten des Einzelfalles, wobei dem Betroffenen als Selbstbehalt ein angemessener Betrag oberhalb des sozialhilferechtlich notwendigen Lebensunterhalts verbleiben soll. Durch das den Trägern der Sozialhilfe weiterhin eingeräumte

Ermessen werden sie in der Lage sein, in diesen Fallkonstellationen die frühere Praxis des BSHG fortzuführen.

Verpflichtungen anderer

Mit dem Zusammentreffen von Sozialhilfeansprüchen mit Ansprüchen des Leistungsberechtigten gegen andere beschäftigen sich die §§ 93 bis 95 SGB XII. § 93 SGB XII überträgt im Wesentlichen inhaltsgleich Bestimmungen des früher maßgebenden BSHG in das SGB XII. Neu ist die Einbeziehung des gleichgeschlechtlichen Lebenspartners nach dem Lebenspartnerschaftsgesetz. § 94 SGB XII, der sich mit dem Übergang von Ansprüchen gegen einen nach bürgerlichem Recht Unterhaltspflichtigen beschäftigt, entspricht ebenfalls früherem Recht. Neben einer Pauschale wird nunmehr der Unterhaltsübergang bei Leistungen der Hilfe zum Lebensunterhalt an Volljährige mit einem bestimmten Betrag pauschaliert. Die vorstehend genannten Beträge verändern sich zum gleichen Zeitpunkt und um denselben Prozentsatz, um den sich das Kindergeld verändert. Seit 1. 1. 2010 gelten folgende Beträge:

- 31,07 Euro monatlich für Leistungen der Eingliederungshilfe und Hilfen zur Pflege
- 23,90 Euro monatlich für Hilfen zum Lebensunterhalt

Wenn beide Pauschalen zusammentreffen, wird monatlich ein Unterhalt verlangt, der weniger als ein Drittel des Kindergeldes ausmacht. Hauptziel der Neuregelung ist die damit erreichte Gleichbehandlung bei ambulanter und stationärer Unterbringung, d. h. der Wegfall der Schlechterstellung der Unterhaltspflichtigen von ambulant lebenden behinderten oder pflegebedürftigen Menschen.

Durch § 94 Abs. 3 SGB XII entfallen im Hinblick auf alle Unterhaltspflichtigen die bisherigen Doppelberechnungen. Neben den Fällen unbilliger Härte soll dann ein Ausschluss vom Unterhaltsübergang erfolgen, wenn ein Anspruch auf Hilfen zum Lebensunterhalt oder auf Grundsicherung im Alter und bei Erwerbsminderung gegeben ist oder durch Heranziehung zum Unterhalt eintreten würde. Sofern der zuständige Träger der Sozialhilfe selber keine eigene Kenntnis von solchen Umständen hat, muss die betroffene unterhaltspflichtige Person oder die leistungsberechtigte Person den Träger der Sozialhilfe in Kenntnis setzen. Dieses vereinfachte Verfahren entlastet nach den Angaben in der Gesetzesbegründung die Unterhaltspflichtigen und den Träger der Sozialhilfe gleichermaßen und stellt eine deutliche Verwaltungsvereinfachung dar.

Zuständigkeit der Träger der Sozialhilfe

Die §§ 97 bis 99 SGB XII, die die sachliche und örtliche Zuständigkeit für die Leistungsgewährung zum Gegenstand haben, unterscheiden ins-

2

besondere die sachliche Zuständigkeit (§ 97 SGB XII) und die örtliche Zuständigkeit (§ 98 SGB XII). In der Gesetzesbegründung heißt es hierzu, dass die früher sehr differenzierte Regelung der sachlichen Zuständigkeit seit langem durch vorrangiges Landesrecht weitgehend abgelöst worden ist. Soweit dies in Teilen nicht erfolgt ist, wurde eine vereinfachte Regelung geschaffen. Sie beseitigte die vielen Schnittstellen zwischen den örtlichen und überörtlichen Trägern und führt dazu, dass die Leistungen aus einer Hand erfolgen. Insbesondere besteht keine Differenzierung mehr zwischen ambulanten, teilstationären und stationären Leistungen. Dies erleichtert auch für Leistungsberechtigte die Transparenz behördlicher Zuständigkeiten.

§ 98 SGB XII, der die örtliche Zuständigkeit bestimmt, entspricht im Wesentlichen früherem Recht. Eine Gesetzeslücke wird in § 98 Abs. 2 SGB XII dadurch geschlossen, dass nunmehr die örtliche Zuständigkeit bei Anstaltsaufnahme und fehlendem oder nicht zu ermittelndem gewöhnlichen Aufenthalt ausdrücklich geregelt wird.

Absatz 5 des § 98 SGB XII stellt die Zuständigkeit desjenigen Trägers der Sozialhilfe sicher, der vor Eintritt der Person in Formen betreuter ambulanter Wohnmöglichkeiten zuletzt zuständig war. Dabei orientiert sich der Begriff „betreute Wohnmöglichkeit" an dem des § 55 Abs. 2 Nr. 6 SGB IX.

Kostenersatz

Die Möglichkeiten des Kostenersatzes werden in den §§ 102 bis 105 SGB XII geregelt. Im Wesentlichen gilt früheres Recht.

Durch die Aufnahme des Lebenspartners im Sinne des Lebenspartnerschaftsgesetzes (gleichgeschlechtlicher Lebenspartner) wurden die Erben des Lebenspartners, der mit der leistungsberechtigten Person zusammengelebt hat, in die Ersatzpflicht gegen den Träger der Sozialhilfe wie die Erben der leistungsberechtigten Person oder ihres Ehegatten einbezogen. Die gegenüber dem Träger der Sozialhilfe bestehende Ersatzpflicht der Erben eines Lebenspartners wird wie die der Erben eines Ehegatten der leistungsberechtigten Person ausgeschlossen, wenn Sozialhilfe während des Getrenntlebens beider Partner geleistet wurde. Ist die leistungsberechtigte Person selbst der Erbe des Lebenspartners, wird die Erbenhaftung ausgeschlossen. Sichergestellt ist auch, dass der Erbe des Lebenspartners, der mit der leistungsberechtigten Person bis zu deren Tod selbst eine Lebenspartnerschaft geführt, mit ihm in häuslicher Gemeinschaft gelebt und ihn gepflegt hat, dieselbe Vermögensschongrenze wie derjenige Erbe für sich in Anspruch nehmen kann, der im Zeitpunkt des Todes der leistungsberechtigten Person mit dieser verheiratet oder verwandt gewesen ist und sie gepflegt hat. Diese Grenze liegt einheitlich bei einem Nachlasswert in Höhe von 15 340 Euro.

Der Anspruch auf Kostenersatz erlischt in drei Jahren nach dem Tod der leistungsberechtigten Person, ihres Ehegatten oder ihres Lebenspartners (§ 102 Abs. 4 SGB XII).

Mit dem Kostenersatz bei schuldhaftem Verhalten beschäftigt sich § 103 SGB XII. Auch hier gilt meist das frühere Recht des BSHG. Die bisherige Beschränkung auf die Fälle, in denen der Kostenersatzpflichtige für sich oder für seine unterhaltsberechtigten Angehörigen die Voraussetzungen für die Leistungen der Sozialhilfe durch vorsätzliches oder grob fahrlässiges Verhalten herbeigeführt hat, ist allerdings aufgegeben worden. Vielmehr besteht eine Ersatzverpflichtung nunmehr auch für Fälle, in denen durch sonstige Dritte die Voraussetzungen für die Leistungen der Sozialhilfe oder zu Unrecht erbrachte Leistungen der Sozialhilfe herbeigeführt worden sind.

Werden Leistungen zu Unrecht erbracht, sind sie von demjenigen zu erstatten, der sie durch vorsätzliches oder grob fahrlässiges Verhalten herbeigeführt hat. Unter anderem um den Kostenersatz bei Doppelleistungen geht es in § 105 SGB XII. Hat danach ein vorrangig verpflichteter Leistungsträger in Unkenntnis der Leistung des Trägers der Sozialhilfe an die leistungsberechtigte Person geleistet, ist diese zur Herausgabe des Erlangten an den Träger der Sozialhilfe verpflichtet. In der Gesetzesbegründung wird dazu ausgeführt, dass hiermit eine Regelungslücke zur Verhinderung des Doppelbezugs von Sozialleistungen geschlossen wird. Nach der Rechtsprechung des Bundesverwaltungsgerichts ist in diesen Fällen eine Rückabwicklung eines Sozialhilfefalles nicht zulässig. Voraussetzung ist aber, dass die Sozialhilfe deshalb rechtmäßig geleistet worden war, weil eine andere vorrangige Sozialleistung im Zeitraum des Bedarfs nicht als „bereites Mittel" zur Verfügung steht, sondern erst nachträglich bewilligt worden ist. Der Nachrang der Sozialhilfe ist vielmehr nach der Rechtsprechung des Bundesverwaltungsgerichts durch Erstattung wiederherzustellen. Bisher war dies dann nicht möglich, wenn der vorrangig verpflichtete Leistungsträger in Unkenntnis der Leistung des nachrangig Verpflichteten bereits befreiend geleistet hat (vgl. dazu § 104 Abs. 1 SGB X – Verwaltungsverfahren und Datenschutz).

Die Kostenerstattung zwischen den Trägern der Sozialhilfe (§§ 106 bis 112 SGB XII) sind im Wesentlichen bisherigem Recht entnommen. Für die seitherige Regelung der Kostenerstattung bei Umzug wird jedoch im Hinblick auf den in der Hilfe zum Lebensunterhalt verbleibenden Personenkreis der Nichterwerbsfähigen keine Notwendigkeit mehr gesehen.

In § 108 SGB XII (Kostenerstattung bei Einreise aus dem Ausland) gibt es insoweit eine Neuerung, als der (gleichgeschlechtliche) Lebenspartner eines Hilfebedürftigen in die Regelung einbezogen worden ist.

§ 111 SGB XII regelt die Verjährung bei Anspruch auf Erstattung der aufgewendeten Kosten. So wird eine einheitliche vierjährige Verjährungsfrist bei Kostenerstattung von Sozialleistungsträgern auch im Sozialhilfebereich gewährleistet.

Verfahrensbestimmungen

In § 116 SGB XII geht es zunächst um die Beteiligung sozial erfahrener Dritter (entspricht früherem Recht) und in dem zum 1. 1. 2011 eingeführten § 116a SGB XII um die Rücknahme von Verwaltungsakten, während in § 117 SGB XII die Pflicht zur Auskunft behandelt wird. Die Regelung des § 117 SGB XII wurde dahingehend ergänzt, dass nunmehr auch (gleichgeschlechtliche) Lebenspartner im Sinne des Lebenspartnerschaftsgesetzes in die Regelung einbezogen wurden. Mit der Erwähnung des Lebenspartners in § 117 Abs. 1 Satz 1 SGB XII wird sichergestellt, dass der mit einem Unterhaltspflichtigen zusammenlebende eingetragene Lebenspartner ebenso wie der Ehegatte oder eine andere einer leistungsberechtigten Person gegenüber unterhaltspflichtige Person dem Träger der Sozialhilfe Auskunft über ihre Einkommens- und Vermögensverhältnisse zu geben hat.

Durch eine Änderung in § 117 Abs. 2 SGB XII ist die Auskunftspflicht der Arbeitgeber der Leistungsberechtigten, deren Ehegatten und anderer Unterhaltspflichtiger auf die Arbeitgeber von Lebenspartnern der Leistungsberechtigten und der Unterhaltspflichtigen ausgedehnt worden.

Nach § 118 Abs. 1 SGB XII können die Träger der Sozialhilfe Personen, die Leistungen – mit Ausnahme der Grundsicherung wegen Alters und bei Erwerbsminderung – beziehen, auch regelmäßig im Rahmen des automatisierten Datenabgleichs auf bestimmte Sachverhalte überprüfen.

3 Gesetzliche Grundlagen

3

Sozialgesetzbuch (SGB)
Zwölftes Buch (XII)
– Sozialhilfe –
(SGB XII)

Vom 27. Dezember 2003 (BGBl. I S. 3022; 2004 BGBl. I S. 3305)

Zuletzt geändert durch
Viertes Gesetz zur Änderung des Vierten Buches Sozialgesetzbuch und anderer Gesetze
vom 22. Dezember 2011 (BGBl. I S. 3057)

3

Inhaltsübersicht

3

3

3

Erstes Kapitel
Allgemeine Vorschriften

§ 1 Aufgabe der Sozialhilfe

[1]Aufgabe der Sozialhilfe ist es, den Leistungsberechtigten die Führung eines Lebens zu ermöglichen, das der Würde des Menschen entspricht. [2]Die Leistung soll sie so weit wie möglich befähigen, unabhängig von ihr zu leben; darauf haben auch die Leistungsberechtigten nach ihren Kräften hinzuarbeiten. [3]Zur Erreichung dieser Ziele haben die Leistungsberechtigten und die Träger der Sozialhilfe im Rahmen ihrer Rechte und Pflichten zusammenzuwirken.

§ 2 Nachrang der Sozialhilfe

(1) Sozialhilfe erhält nicht, wer sich vor allem durch Einsatz seiner Arbeitskraft, seines Einkommens und seines Vermögens selbst helfen kann oder wer die erforderliche Leistung von anderen, insbesondere von Angehörigen oder von Trägern anderer Sozialleistungen, erhält.

(2) [1]Verpflichtungen anderer, insbesondere Unterhaltspflichtiger oder der Träger anderer Sozialleistungen, bleiben unberührt. [2]Auf Rechtsvorschriften beruhende Leistungen anderer dürfen nicht deshalb versagt werden, weil nach dem Recht der Sozialhilfe entsprechende Leistungen vorgesehen sind.

§ 3 Träger der Sozialhilfe

(1) Die Sozialhilfe wird von örtlichen und überörtlichen Trägern geleistet.

(2) [1]Örtliche Träger der Sozialhilfe sind die kreisfreien Städte und die Kreise, soweit nicht nach Landesrecht etwas anderes bestimmt wird. [2]Bei der Bestimmung durch Landesrecht ist zu gewährleisten, dass die zukünftigen örtlichen Träger mit der Übertragung dieser Aufgaben einverstanden sind, nach ihrer Leistungsfähigkeit zur Erfüllung der Aufgaben nach diesem Buch geeignet sind und dass die Erfüllung dieser Aufgaben in dem gesamten Kreisgebiet sichergestellt ist.

(3) Die Länder bestimmen die überörtlichen Träger der Sozialhilfe.

§ 4 Zusammenarbeit

(1) [1]Die Träger der Sozialhilfe arbeiten mit anderen Stellen, deren gesetzliche Aufgaben dem gleichen Ziel dienen oder die an Leistungen beteiligt sind oder beteiligt werden sollen, zusammen, insbesondere mit den Trägern von Leistungen nach dem Zweiten, dem Achten, dem Neunten und dem Elften Buch, sowie mit anderen Trägern von Sozialleistungen, mit den gemeinsamen Servicestellen der Rehabilitationsträger und mit Verbänden. [2]Darüber hinaus sollen die Träger der Sozialhilfe gemeinsam mit den Beteiligten der Pflegestützpunkte nach § 92c des Elften Buches alle für die wohnortnahe Versorgung und Betreuung in Betracht kommenden Hilfe- und Unterstützungsangebote koordinieren.

(2) Ist die Beratung und Sicherung der gleichmäßigen, gemeinsamen oder ergänzenden Erbringung von Leistungen geboten, sollen zu diesem Zweck Arbeitsgemeinschaften gebildet werden.

(3) Soweit eine Erhebung, Verarbeitung und Nutzung personenbezogener Daten erfolgt, ist das Nähere in einer Vereinbarung zu regeln.

§ 5 Verhältnis zur freien Wohlfahrtspflege

(1) Die Stellung der Kirchen und Religionsgesellschaften des öffentlichen Rechts sowie der Verbände der freien Wohlfahrtspflege als Träger eigener sozialer Aufgaben und ihre Tätigkeit zur Erfüllung dieser Aufgaben werden durch dieses Buch nicht berührt.

(2) [1]Die Träger der Sozialhilfe sollen bei der Durchführung dieses Buches mit den Kirchen und Religionsgesellschaften des öffentlichen Rechts sowie den Verbänden der freien Wohlfahrtspflege zusammenarbeiten. [2]Sie achten dabei deren Selbständigkeit in Zielsetzung und Durchführung ihrer Aufgaben.

(3) [1]Die Zusammenarbeit soll darauf gerichtet sein, dass sich die Sozialhilfe und die Tätigkeit der freien Wohlfahrtspflege zum Wohle der Leistungsberechtigten wirksam ergänzen. [2]Die Träger der Sozialhilfe sollen die Verbände der freien Wohlfahrtspflege in ihrer Tätig-

keit auf dem Gebiet der Sozialhilfe angemessen unterstützen.

(4) ¹Wird die Leistung im Einzelfall durch die freie Wohlfahrtspflege erbracht, sollen die Träger der Sozialhilfe von der Durchführung eigener Maßnahmen absehen. ²Dies gilt nicht für die Erbringung von Geldleistungen.

(5) ¹Die Träger der Sozialhilfe können allgemein an der Durchführung ihrer Aufgaben nach diesem Buch die Verbände der freien Wohlfahrtspflege beteiligen oder ihnen die Durchführung solcher Aufgaben übertragen, wenn die Verbände mit der Beteiligung oder Übertragung einverstanden sind. ²Die Träger der Sozialhilfe bleiben den Leistungsberechtigten gegenüber verantwortlich.

(6) § 4 Abs. 3 findet entsprechende Anwendung.

§ 6 Fachkräfte

(1) Bei der Durchführung der Aufgaben dieses Buches werden Personen beschäftigt, die sich hierfür nicht ihrer Persönlichkeit eignen und in der Regel entweder eine ihren Aufgaben entsprechende Ausbildung erhalten haben oder über vergleichbare Erfahrungen verfügen.

(2) ¹Die Träger der Sozialhilfe gewährleisten für die Erfüllung ihrer Aufgaben eine angemessene fachliche Fortbildung ihrer Fachkräfte. ²Diese umfasst auch die Durchführung von Dienstleistungen, insbesondere von Beratung und Unterstützung.

§ 7 Aufgabe der Länder

¹Die obersten Landesbehörden unterstützten die Träger der Sozialhilfe bei der Durchführung ihrer Aufgaben nach diesem Buch. ²Dabei sollen sie insbesondere den Erfahrungsaustausch zwischen den Trägern der Sozialhilfe sowie die Entwicklung und Durchführung von Instrumenten der Dienstleistungen, der zielgerichteten Erbringung und Überprüfung von Leistungen und der Qualitätssicherung fördern.

Zweites Kapitel
Leistungen der Sozialhilfe

Erster Abschnitt
Grundsätze der Leistungen

§ 8 Leistungen

Die Sozialhilfe umfasst:

1. Hilfe zum Lebensunterhalt (§§ 27 bis 40),
2. Grundsicherung im Alter und bei Erwerbsminderung (§§ 41 bis 46a),
3. Hilfen zur Gesundheit (§§ 47 bis 52),
4. Eingliederungshilfe für behinderte Menschen (§§ 53 bis 60),
5. Hilfe zur Pflege (§§ 61 bis 66),
6. Hilfe zur Überwindung besonderer sozialer Schwierigkeiten (§§ 67 bis 69),
7. Hilfe in anderen Lebenslagen (§§ 70 bis 74)

sowie die jeweils gebotene Beratung und Unterstützung.

§ 9 Sozialhilfe nach der Besonderheit des Einzelfalles

(1) Die Leistungen richten sich nach der Besonderheit des Einzelfalles, insbesondere nach der Art des Bedarfs, den örtlichen Verhältnissen, den eigenen Kräften und Mitteln der Person oder des Haushalts bei der Hilfe zum Lebensunterhalt.

(2) ¹Wünschen der Leistungsberechtigten, die sich auf die Gestaltung der Leistung richten, soll entsprochen werden, soweit sie angemessen sind. ²Wünschen der Leistungsberechtigten, den Bedarf stationär oder teilstationär zu decken, soll nur entsprochen werden, wenn dies nach der Besonderheit des Einzelfalles erforderlich ist, weil anders der Bedarf nicht oder nicht ausreichend gedeckt werden kann und wenn mit der Einrichtung Vereinbarungen nach den Vorschriften des Zehnten Kapitels dieses Buches bestehen. ³Der Träger der Sozialhilfe soll in der Regel Wünschen nicht entsprechen, deren Erfüllung mit unverhältnismäßigen Mehrkosten verbunden wäre.

(3) Auf Wunsch der Leistungsberechtigten sollen sie in einer Einrichtung untergebracht werden, in der sie durch Geistliche ihres Bekenntnisses betreut werden können.

§ 10 Leistungsformen

(1) Die Leistungen werden erbracht in Form von

1. Dienstleistungen,
2. Geldleistungen und
3. Sachleistungen.

(2) Zur Dienstleistung gehören insbesondere die Beratung in Fragen der Sozialhilfe und die Beratung und Unterstützung in sonstigen sozialen Angelegenheiten.

(3) Geldleistungen haben Vorrang vor Gutscheinen oder Sachleistungen, soweit dieses Buch nicht etwas anderes bestimmt oder mit Gutscheinen oder Sachleistungen das Ziel der Sozialhilfe erheblich besser oder wirtschaftlicher erreicht werden kann oder die Leistungsberechtigten es wünschen.

§ 11 Beratung und Unterstützung, Aktivierung

(1) Zur Erfüllung der Aufgaben dieses Buches werden die Leistungsberechtigten beraten und, soweit erforderlich, unterstützt.

(2) [1]Die Beratung betrifft die persönliche Situation, den Bedarf sowie die eigenen Kräfte und Mittel sowie die mögliche Stärkung der Selbsthilfe zur aktiven Teilnahme am Leben in der Gemeinschaft und zur Überwindung der Notlage. [2]Die aktive Teilnahme am Leben in der Gemeinschaft umfasst auch ein gesellschaftliches Engagement. [3]Zur Überwindung der Notlage gehört auch, die Leistungsberechtigten für den Erhalt von Sozialleistungen zu befähigen. [4]Die Beratung umfasst auch eine gebotene Budgetberatung.

(3) [1]Die Unterstützung umfasst Hinweise und, soweit erforderlich, die Vorbereitung von Kontakten und die Begleitung zu sozialen Diensten sowie zu Möglichkeiten der aktiven Teilnahme am Leben in der Gemeinschaft unter Einschluss des gesellschaftlichen Engagements. [2]Soweit Leistungsberechtigte zumutbar einer Tätigkeit nachgehen können, umfasst die Unterstützung auch das Angebot einer Tätigkeit sowie die Vorbereitung und Begleitung der Leistungsberechtigten. [3]Auf die Wahrnehmung von Unterstützungsangeboten ist hinzuwirken. [4]Können Leistungsberechtigte durch Aufnahme einer zumut-

baren Tätigkeit Einkommen erzielen, sind sie hierzu sowie zur Teilnahme an einer erforderlichen Vorbereitung verpflichtet. [5]Leistungsberechtigte nach dem Dritten und Vierten Kapitel erhalten die gebotene Beratung für den Umgang mit dem durch den Regelsatz zur Verfügung gestellten monatlichen Pauschalbetrag (§ 27a Absatz 3 Satz 2).

(4) [1]Den Leistungsberechtigten darf eine Tätigkeit nicht zugemutet werden, wenn

1. sie wegen Erwerbsminderung, Krankheit, Behinderung oder Pflegebedürftigkeit hierzu nicht in der Lage sind oder
2. sie ein der Regelaltersgrenze der gesetzlichen Rentenversicherung (§ 35 des Sechsten Buches) entsprechendes Lebensalter erreicht oder überschritten haben oder
3. der Tätigkeit ein sonstiger wichtiger Grund entgegensteht.

[2]Ihnen darf eine Tätigkeit insbesondere nicht zugemutet werden, soweit dadurch die geordnete Erziehung eines Kindes gefährdet würde. [3]Die geordnete Erziehung eines Kindes, das das dritte Lebensjahr vollendet hat, ist in der Regel nicht gefährdet, soweit unter Berücksichtigung der besonderen Verhältnisse in der Familie der Leistungsberechtigten die Betreuung des Kindes in einer Tageseinrichtung oder in Tagespflege im Sinne der Vorschriften des Achten Buches sichergestellt ist; die Träger der Sozialhilfe sollen darauf hinwirken, dass Alleinerziehenden vorrangig ein Platz zur Tagesbetreuung des Kindes angeboten wird. [4]Auch sonst sind die Pflichten zu berücksichtigen, die den Leistungsberechtigten durch die Führung eines Haushalts oder die Pflege eines Angehörigen entstehen.

(5) [1]Auf die Beratung und Unterstützung von Verbänden der freien Wohlfahrtspflege, von Angehörigen der rechtsberatenden Berufe und von sonstigen Stellen ist zunächst hinzuweisen. [2]Ist die weitere Beratung durch eine Schuldnerberatungsstelle oder andere Fachberatungsstellen geboten, ist auf ihre Inanspruchnahme hinzuwirken. [3]Angemessene Kosten einer Beratung nach Satz 2 sollen übernommen werden, wenn eine Lebenslage, die Leistungen der Hilfe zum Lebensunterhalt erforderlich macht oder erwarten lässt, sonst nicht überwunden werden kann; in anderen

3

3

Fällen können Kosten übernommen werden. [4]Die Kostenübernahme kann auch in Form einer pauschalierten Abgeltung der Leistung der Schuldnerberatungsstelle oder anderer Fachberatungsstellen erfolgen.

§ 12 Leistungsabsprache

[1]Vor oder spätestens bis zu vier Wochen nach Beginn fortlaufender Leistungen sollen in einer schriftlichen Leistungsabsprache die Situation der leistungsberechtigten Personen sowie gegebenenfalls Wege zur Überwindung der Notlage und zu gebotenen Möglichkeiten der aktiven Teilnahme in der Gemeinschaft gemeinsam festgelegt und die Leistungsabsprache unterzeichnet werden. [2]Soweit es auf Grund bestimmbarer Bedarfe erforderlich ist, ist ein Förderplan zu erstellen und in die Leistungsabsprache einzubeziehen. [3]Sind Leistungen im Hinblick auf die sie tragenden Ziele zu überprüfen, kann dies in der Leistungsabsprache näher festgelegt werden. [4]Die Leistungsabsprache soll regelmäßig gemeinsam überprüft und fortgeschrieben werden. [5]Abweichende Regelungen in diesem Buch gehen vor.

§ 13 Leistungen für Einrichtungen, Vorrang anderer Leistungen

(1) [1]Die Leistungen können entsprechend den Erfordernissen des Einzelfalles für die Deckung des Bedarfs außerhalb von Einrichtungen (ambulante Leistungen), für teilstationäre oder stationäre Einrichtungen (teilstationäre oder stationäre Leistungen) erbracht werden. [2]Vorrang haben ambulante Leistungen vor teilstationären und stationären Leistungen sowie teilstationäre vor stationären Leistungen. [3]Der Vorrang der ambulanten Leistung gilt nicht, wenn eine Leistung für eine geeignete stationäre Einrichtung zumutbar und eine ambulante Leistung mit unverhältnismäßigen Mehrkosten verbunden ist. [4]Bei der Entscheidung ist zunächst die Zumutbarkeit zu prüfen. [5]Dabei sind die persönlichen, familiären und örtlichen Umstände angemessen zu berücksichtigen. [6]Bei Unzumutbarkeit ist ein Kostenvergleich nicht vorzunehmen.

(2) Einrichtungen im Sinne des Absatzes 1 sind alle Einrichtungen, die der Pflege, der

Behandlung oder sonstigen nach diesem Buch zu deckenden Bedarfe oder der Erziehung dienen.

§ 14 Vorrang von Prävention und Rehabilitation

(1) Leistungen zur Prävention und Rehabilitation sind zum Erreichen der nach dem Neunten Buch mit diesen Leistungen verbundenen Ziele vorrangig zu erbringen.

(2) Die Träger der Sozialhilfe unterrichten die zuständigen Rehabilitationsträger und die Integrationsämter, wenn Leistungen zur Prävention oder Rehabilitation geboten erscheinen.

§ 15 Vorbeugende und nachgehende Leistungen

(1) [1]Die Sozialhilfe soll vorbeugend geleistet werden, wenn dadurch eine drohende Notlage ganz oder teilweise abgewendet werden kann. [2]§ 47 ist vorrangig anzuwenden.

(2) [1]Die Sozialhilfe soll auch nach Beseitigung einer Notlage geleistet werden, wenn dies geboten ist, um die Wirksamkeit der zuvor erbrachten Leistung zu sichern. [2]§ 54 ist vorrangig anzuwenden.

§ 16 Familiengerechte Leistungen

[1]Bei Leistungen der Sozialhilfe sollen die besonderen Verhältnisse in der Familie der Leistungsberechtigten berücksichtigt werden. [2]Die Sozialhilfe soll die Kräfte der Familie zur Selbsthilfe anregen und den Zusammenhalt der Familie festigen.

Zweiter Abschnitt
Anspruch auf Leistungen

§ 17 Anspruch

(1) [1]Auf Sozialhilfe besteht ein Anspruch, soweit bestimmt wird, dass die Leistung zu erbringen ist. [2]Der Anspruch kann nicht übertragen, verpfändet oder gepfändet werden.

(2) [1]Über Art und Maß der Leistungserbringung ist nach pflichtgemäßem Ermessen zu entscheiden, soweit das Ermessen nicht ausgeschlossen wird. [2]Werden Leistungen auf Grund von Ermessensentscheidungen er-

bracht, sind die Entscheidungen im Hinblick auf die sie tragenden Gründe und Ziele zu überprüfen und im Einzelfall gegebenenfalls abzuändern.

§ 18 Einsetzen der Sozialhilfe

(1) Die Sozialhilfe, mit Ausnahme der Leistungen der Grundsicherung im Alter und bei Erwerbsminderung, setzt ein, sobald dem Träger der Sozialhilfe oder den von ihm beauftragten Stellen bekannt wird, dass die Voraussetzungen für die Leistung vorliegen.

(2) [1]Wird einem nicht zuständigen Träger der Sozialhilfe oder einer nicht zuständigen Gemeinde im Einzelfall bekannt, dass Sozialhilfe beansprucht wird, so sind die darüber bekannten Umstände dem zuständigen Träger der Sozialhilfe oder der von ihm beauftragten Stelle unverzüglich mitzuteilen und vorhandene Unterlagen zu übersenden. [2]Ergeben sich daraus die Voraussetzungen für die Leistung, setzt die Sozialhilfe zu dem nach Satz 1 maßgebenden Zeitpunkt ein.

§ 19 Leistungsberechtigte

(1) Hilfe zum Lebensunterhalt nach dem Dritten Kapitel ist Personen zu leisten, die ihren notwendigen Lebensunterhalt nicht oder nicht ausreichend aus eigenen Kräften und Mitteln, insbesondere aus ihrem Einkommen und Vermögen, bestreiten können.

(2) [1]Grundsicherung im Alter und bei Erwerbsminderung nach dem Vierten Kapitel dieses Buches ist Personen zu leisten, die die Altersgrenze nach § 41 Absatz 2 erreicht haben oder das 18. Lebensjahr vollendet haben und dauerhaft voll erwerbsgemindert sind, sofern sie ihren notwendigen Lebensunterhalt nicht oder nicht ausreichend aus eigenen Kräften und Mitteln, insbesondere aus ihrem Einkommen und Vermögen, bestreiten können. [2]Die Leistungen der Grundsicherung im Alter und bei Erwerbsminderung gehen der Hilfe zum Lebensunterhalt nach dem Dritten Kapitel vor.

(3) Hilfen zur Gesundheit, Eingliederungshilfe für behinderte Menschen, Hilfe zur Pflege, Hilfe zur Überwindung besonderer sozialer Schwierigkeiten und Hilfen in anderen Lebenslagen werden nach dem Fünften bis Neunten Kapitel dieses Buches geleistet, soweit den Leistungsberechtigten, ihren nicht getrennt lebenden Ehegatten oder Lebenspartnern und, wenn sie minderjährig und unverheiratet sind, auch ihren Eltern oder einem Elternteil die Aufbringung der Mittel aus dem Einkommen und Vermögen nach den Vorschriften des Elften Kapitels dieses Buches nicht zuzumuten ist.

(4) Lebt eine Person bei ihren Eltern oder einem Elternteil und ist sie schwanger oder betreut ihr leibliches Kind bis zur Vollendung des sechsten Lebensjahres, werden Einkommen und Vermögen der Eltern oder des Elternteils nicht berücksichtigt.

(5) [1]Ist den in den Absätzen 1 bis 3 genannten Personen die Aufbringung der Mittel aus dem Einkommen und Vermögen im Sinne der Absätze 1 und 2 möglich oder im Sinne des Absatzes 3 zuzumuten und sind Leistungen erbracht worden, haben sie dem Träger der Sozialhilfe die Aufwendungen in diesem Umfang zu ersetzen. [2]Mehrere Verpflichtete haften als Gesamtschuldner.

(6) Der Anspruch der Berechtigten auf Leistungen für Einrichtungen oder auf Pflegegeld steht, soweit die Leistung den Berechtigten erbracht worden wäre, nach ihrem Tode demjenigen zu, der die Leistung erbracht oder die Pflege geleistet hat.

§ 20 Eheähnliche Gemeinschaft

[1]Personen, die in eheähnlicher oder lebenspartnerschaftsähnlicher Gemeinschaft leben, dürfen hinsichtlich der Voraussetzungen sowie des Umfangs der Sozialhilfe nicht besser gestellt werden als Ehegatten. [2]§ 39 gilt entsprechend.

§ 21 Sonderregelung für Leistungsberechtigte nach dem Zweiten Buch

[1]Personen, die nach dem Zweiten Buch als Erwerbsfähige oder als Angehörige dem Grunde nach leistungsberechtigt sind, erhalten keine Leistungen für den Lebensunterhalt. [2]Abweichend von Satz 1 können Personen, die nicht hilfebedürftig nach § 9 des Zweiten Buches sind, Leistungen nach § 36 erhalten. [3]Bestehen über die Zuständigkeit zwischen

3

3

den beteiligten Leistungsträgern unterschiedliche Auffassungen, so ist der zuständige Träger der Sozialhilfe für die Leistungsberechtigung nach dem Dritten oder Vierten Kapitel an die Feststellung einer vollen Erwerbsminderung im Sinne des § 43 Absatz 2 Satz 2 des Sechsten Buches und nach Abschluss des Widerspruchsverfahrens an die Entscheidung der Agentur für Arbeit zur Erwerbsfähigkeit nach § 44a Absatz 1 des Zweiten Buches gebunden.

§ 22 Sonderregelungen für Auszubildende

(1) [1]Auszubildende, deren Ausbildung im Rahmen des Bundesausbildungsförderungsgesetzes oder der §§ 51, 57 und 58 des Dritten Buches dem Grunde nach förderungsfähig ist, haben keinen Anspruch auf Leistungen nach dem Dritten und Vierten Kapitel. [2]In besonderen Härtefällen können Leistungen nach dem Dritten oder Vierten Kapitel als Beihilfe oder Darlehen gewährt werden.

(2) Absatz 1 findet keine Anwendung auf Auszubildende,

1. die auf Grund von § 2 Abs. 1a des Bundesausbildungsförderungsgesetzes keinen Anspruch auf Ausbildungsförderung oder auf Grund von § 60 des Dritten Buches keinen Anspruch auf Berufsausbildungsbeihilfe haben,

2. deren Bedarf sich nach § 12 Abs. 1 Nr. 1 des Bundesausbildungsförderungsgesetzes oder nach § 62 Absatz 1 des Dritten Buches bemisst oder

3. die eine Abendhauptschule, eine Abendrealschule oder ein Abendgymnasium besuchen, sofern sie aufgrund von § 10 Abs. 3 des Bundesausbildungsförderungsgesetzes keinen Anspruch auf Ausbildungsförderung haben.

§ 23 Sozialhilfe für Ausländerinnen und Ausländer

(1) [1]Ausländern, die sich im Inland tatsächlich aufhalten, ist Hilfe zum Lebensunterhalt, Hilfe bei Krankheit, Hilfe bei Schwangerschaft und Mutterschaft sowie Hilfe zur Pflege nach diesem Buch zu leisten. [2]Die Vorschriften des Vierten Kapitels bleiben unberührt. [3]Im Übri-

gen kann Sozialhilfe geleistet werden, soweit dies im Einzelfall gerechtfertigt ist. [4]Die Einschränkungen nach Satz 1 gelten nicht für Ausländer, die im Besitz einer Niederlassungserlaubnis oder eines befristeten Aufenthaltstitels sind und sich voraussichtlich dauerhaft im Bundesgebiet aufhalten. [5]Rechtsvorschriften, nach denen außer den in Satz 1 genannten Leistungen auch sonstige Sozialhilfe zu leisten ist oder geleistet werden soll, bleiben unberührt.

(2) Leistungsberechtigte nach § 1 des Asylbewerberleistungsgesetzes erhalten keine Leistungen der Sozialhilfe.

(3) [1]Ausländer, die eingereist sind, um Sozialhilfe zu erlangen oder deren Aufenthaltsrecht sich allein aus dem Zweck der Arbeitsuche ergibt, sowie ihre Familienangehörigen, haben keinen Anspruch auf Sozialhilfe. [2]Sind sie zum Zweck einer Behandlung oder Linderung einer Krankheit eingereist, soll Hilfe bei Krankheit insoweit nur zur Behebung eines akut lebensbedrohlichen Zustandes oder für eine unaufschiebbare und unabweisbar gebotene Behandlung einer schweren oder ansteckenden Erkrankung geleistet werden.

(4) Ausländer, denen Sozialhilfe geleistet wird, sind auf für sie zutreffende Rückführungs- und Weiterwanderungsprogramme hinzuweisen; in geeigneten Fällen ist auf eine Inanspruchnahme solcher Programme hinzuwirken.

(5) [1]In den Teilen des Bundesgebiets, in denen sich Ausländer einer ausländerrechtlichen räumlichen Beschränkung zuwider aufhalten, darf der für den tatsächlichen Aufenthaltsort zuständige Träger der Sozialhilfe nur die nach den Umständen unabweisbar gebotene Leistung erbringen. [2]Das Gleiche gilt für Ausländer, die einen räumlich nicht beschränkten Aufenthaltstitel nach den §§ 23, 23a, 24 Abs. 1 oder § 25 Abs. 3 bis 5 des Aufenthaltsgesetzes besitzen, wenn sie sich außerhalb des Landes aufhalten, in dem der Aufenthaltstitel erstmals erteilt worden ist. [3]Satz 2 findet keine Anwendung, wenn der Ausländer im Bundesgebiet die Rechtsstellung eines ausländischen Flüchtlings genießt oder der Wechsel in ein anderes Land zur

Wahrnehmung der Rechte zum Schutz der Ehe und Familie nach Artikel 6 des Grundgesetzes oder aus vergleichbar wichtigen Gründen gerechtfertigt ist.

§ 24 Sozialhilfe für Deutsche im Ausland

(1) [1]Deutsche, die ihren gewöhnlichen Aufenthalt im Ausland haben, erhalten keine Leistungen. [2]Hiervon kann im Einzelfall nur abgewichen werden, soweit dies wegen einer außergewöhnlichen Notlage unabweisbar ist und zugleich nachgewiesen wird, dass eine Rückkehr in das Inland aus folgenden Gründen nicht möglich ist:

1. Pflege und Erziehung eines Kindes, das aus rechtlichen Gründen im Ausland bleiben muss,

2. längerfristige stationäre Betreuung in einer Einrichtung oder Schwere der Pflegebedürftigkeit oder

3. hoheitliche Gewalt.

(2) Leistungen werden nicht erbracht, soweit sie von dem hierzu verpflichteten Aufenthaltsland oder von anderen erbracht werden oder zu erwarten sind.

(3) Art und Maß der Leistungserbringung sowie der Einsatz des Einkommens und des Vermögens richten sich nach den besonderen Verhältnissen im Aufenthaltsland.

(4) [1]Die Leistungen sind abweichend von § 18 zu beantragen. [2]Für die Leistungen zuständig ist der überörtliche Träger der Sozialhilfe, in dessen Bereich die antragstellende Person geboren ist. [3]Liegt der Geburtsort im Ausland oder ist er nicht zu ermitteln, wird der örtlich zuständige Träger von einer Schiedsstelle bestimmt. [4]§ 108 Abs. 1 Satz 2 gilt entsprechend.

(5) [1]Leben Ehegatten oder Lebenspartner, Verwandte und Verschwägerte bei Einsetzen der Sozialhilfe zusammen, richtet sich die örtliche Zuständigkeit nach der ältesten Person von ihnen, die im Inland geboren ist. [2]Ist keine dieser Personen im Inland geboren, ist ein gemeinsamer örtlich zuständiger Träger nach Absatz 4 zu bestimmen. [3]Die Zuständigkeit bleibt bestehen, solange eine der Personen nach Satz 1 der Sozialhilfe bedarf.

(6) Die Träger der Sozialhilfe arbeiten mit den deutschen Dienststellen im Ausland zusammen.

§ 25 Erstattung von Aufwendungen anderer

[1]Hat jemand in einem Eilfall einem anderen Leistungen erbracht, die bei rechtzeitigem Einsetzen von Sozialhilfe nicht zu erbringen gewesen wären, sind ihm die Aufwendungen in gebotenem Umfang zu erstatten, wenn er sie nicht auf Grund rechtlicher oder sittlicher Pflicht selbst zu tragen hat. [2]Dies gilt nur, wenn die Erstattung innerhalb angemessener Frist beim zuständigen Träger der Sozialhilfe beantragt wird.

§ 26 Einschränkung, Aufrechnung

(1) [1]Die Leistung soll bis auf das zum Lebensunterhalt Unerlässliche eingeschränkt werden

1. bei Leistungsberechtigten, die nach Vollendung des 18. Lebensjahres ihr Einkommen oder Vermögen vermindert haben in der Absicht, die Voraussetzungen für die Gewährung oder Erhöhung der Leistung herbeizuführen,

2. bei Leistungsberechtigten, die trotz Belehrung ihr unwirtschaftliches Verhalten fortsetzen.

[2]So weit wie möglich ist zu verhüten, dass die unterhaltsberechtigten Angehörigen oder andere mit ihnen in Haushaltsgemeinschaft lebende Leistungsberechtigte durch die Einschränkung der Leistung mitbetroffen werden.

(2) [1]Die Leistung kann bis auf das jeweils Unerlässliche mit Ansprüchen des Trägers der Sozialhilfe gegen eine leistungsberechtigte Person aufgerechnet werden, wenn es sich um Ansprüche auf Erstattung zu Unrecht erbrachter Leistungen der Sozialhilfe handelt, die die leistungsberechtigte Person oder ihr Vertreter durch vorsätzlich oder grob fahrlässig unrichtige oder unvollständige Angaben oder durch pflichtwidriges Unterlassen veranlasst hat, oder wenn es sich um Ansprüche auf Kostenersatz nach den §§ 103 und 104 handelt. [2]Die Aufrechnungsmöglichkeit wegen eines Anspruchs ist auf drei Jahre beschränkt; ein neuer Anspruch des Trägers

der Sozialhilfe auf Erstattung oder auf Kostenersatz kann erneut aufgerechnet werden.

(3) Eine Aufrechnung nach Absatz 2 kann auch erfolgen, wenn Leistungen für einen Bedarf übernommen werden, der durch vorangegangene Leistungen der Sozialhilfe an die leistungsberechtigte Person bereits gedeckt worden war.

(4) Eine Aufrechnung erfolgt nicht, soweit dadurch der Gesundheit dienende Leistungen gefährdet werden.

Drittes Kapitel
Hilfe zum Lebensunterhalt

Erster Abschnitt
Leistungsberechtigte, notwendiger Lebensunterhalt, Regelbedarfe und Regelsätze

§ 27 Leistungsberechtigte

(1) Hilfe zum Lebensunterhalt ist Personen zu leisten, die ihren notwendigen Lebensunterhalt nicht oder nicht ausreichend aus eigenen Kräften und Mitteln bestreiten können.

(2) [1]Eigene Mittel sind insbesondere das eigene Einkommen und Vermögen. [2]Bei nicht getrennt lebenden Ehegatten oder Lebenspartnern sind das Einkommen und Vermögen beider Ehegatten oder Lebenspartner gemeinsam zu berücksichtigen. [3]Gehören minderjährige unverheiratete Kinder dem Haushalt ihrer Eltern oder eines Elternteils an und können sie den notwendigen Lebensunterhalt aus ihrem Einkommen und Vermögen nicht bestreiten, sind vorbehaltlich des § 39 Satz 3 Nummer 1 auch das Einkommen und das Vermögen der Eltern oder des Elternteils gemeinsam zu berücksichtigen.

(3) [1]Hilfe zum Lebensunterhalt kann auch Personen geleistet werden, die ihren notwendigen Lebensunterhalt aus eigenen Mitteln und Kräften bestreiten können, jedoch einzelne erforderliche Tätigkeiten nicht verrichten können. [2]Von den Leistungsberechtigten kann ein angemessener Kostenbeitrag verlangt werden.

§ 27a Notwendiger Lebensunterhalt, Regelbedarfe und Regelsätze

(1) [1]Der für die Gewährleistung des Existenzminimums notwendige Lebensunterhalt umfasst insbesondere Ernährung, Kleidung, Körperpflege, Hausrat, Haushaltsenergie ohne die auf Heizung und Erzeugung von Warmwasser entfallenden Anteile, persönliche Bedürfnisse des täglichen Lebens sowie Unterkunft und Heizung. [2]Zu den persönlichen Bedürfnissen des täglichen Lebens gehört in vertretbarem Umfang eine Teilhabe am sozialen und kulturellen Leben in der Gemeinschaft; dies gilt in besonderem Maß für Kinder und Jugendliche. [3]Für Schülerinnen und Schüler umfasst der notwendige Lebensunterhalt auch die erforderlichen Hilfen für den Schulbesuch.

(2) [1]Der gesamte notwendige Lebensunterhalt nach Absatz 1 mit Ausnahme der Bedarfe nach dem Zweiten bis Vierten Abschnitt ergibt den monatlichen Regelbedarf. [2]Dieser ist in Regelbedarfsstufen unterteilt, die bei Kindern und Jugendlichen altersbedingte Unterschiede und bei erwachsenen Personen deren Anzahl im Haushalt sowie die Führung eines Haushalts berücksichtigen.

(3) [1]Zur Deckung der Regelbedarfe, die sich nach den Regelbedarfsstufen der Anlage zu § 28 ergeben, sind monatliche Regelsätze zu gewähren. [2]Der Regelsatz stellt einen monatlichen Pauschalbetrag zur Bestreitung des Regelbedarfs dar, über dessen Verwendung die Leistungsberechtigten eigenverantwortlich entscheiden; dabei haben sie das Eintreten unregelmäßig anfallender Bedarfe zu berücksichtigen.

(4) [1]Im Einzelfall wird der individuelle Bedarf abweichend vom Regelsatz festgelegt, wenn ein Bedarf ganz oder teilweise anderweitig gedeckt ist oder unabweisbar seiner Höhe nach erheblich von einem durchschnittlichen Bedarf abweicht. [2]Besteht die Leistungsberechtigung für weniger als einen Monat, ist der Regelsatz anteilig zu zahlen. [3]Sind Leistungsberechtigte in einer anderen Familie, insbesondere in einer Pflegefamilie, oder bei anderen Personen als bei ihren Eltern oder einem Elternteil untergebracht, so wird in der Regel der individuelle Bedarf abweichend von

den Regelsätzen in Höhe der tatsächlichen Kosten der Unterbringung bemessen, sofern die Kosten einen angemessenen Umfang nicht übersteigen.

§ 27b Notwendiger Lebensunterhalt in Einrichtungen

(1) [1]Der notwendige Lebensunterhalt in Einrichtungen umfasst den darin erbrachten sowie in stationären Einrichtungen zusätzlich den weiteren notwendigen Lebensunterhalt. [2]Der notwendige Lebensunterhalt in stationären Einrichtungen entspricht dem Umfang der Leistungen der Grundsicherung nach § 42 Nummer 1, 2 und 4.

(2) [1]Der weitere notwendige Lebensunterhalt umfasst insbesondere Kleidung und einen angemessenen Barbetrag zur persönlichen Verfügung; § 31 Absatz 2 Satz 2 ist nicht anzuwenden. [2]Leistungsberechtigte, die das 18. Lebensjahr vollendet haben, erhalten einen Barbetrag in Höhe von mindestens 27 vom Hundert der Regelbedarfsstufe 1 nach der Anlage zu § 28. [3]Für Leistungsberechtigte, die das 18. Lebensjahr noch nicht vollendet haben, setzen die zuständigen Landesbehörden oder die von ihnen bestimmten Stellen für die in ihrem Bereich bestehenden Einrichtungen die Höhe des Barbetrages fest. [4]Der Barbetrag wird gemindert, soweit dessen bestimmungsgemäße Verwendung durch oder für die Leistungsberechtigten nicht möglich ist.

§ 28 Ermittlung der Regelbedarfe

(1) Liegen die Ergebnisse einer bundesweiten neuen Einkommens- und Verbrauchsstichprobe vor, wird die Höhe der Regelbedarfe in einem Bundesgesetz neu ermittelt.

(2) [1]Bei der Ermittlung der bundesdurchschnittlichen Regelbedarfsstufen nach § 27a Absatz 2 sind Stand und Entwicklung von Nettoeinkommen, Verbraucherverhalten und Lebenshaltungskosten zu berücksichtigen. [2]Grundlage hierfür sind die durch die Einkommens- und Verbrauchsstichprobe nachgewiesenen tatsächlichen Verbrauchsausgaben unterer Einkommensgruppen.

(3) [1]Für die Ermittlung der Regelbedarfsstufen beauftragt das Bundesministerium für Arbeit und Soziales das Statistische Bundesamt mit Sonderauswertungen, die auf der Grundlage einer neuen Einkommens- und Verbrauchsstichprobe vorzunehmen sind. [2]Sonderauswertungen zu den Verbrauchsausgaben von Haushalten unterer Einkommensgruppen sind zumindest für Haushalte (Referenzhaushalte) vorzunehmen, in denen nur eine erwachsene Person lebt (Einpersonenhaushalte), sowie für Haushalte, in denen Paare mit einem Kind leben (Familienhaushalte). [3]Dabei ist festzulegen, welche Haushalte, die Leistungen nach diesem Buch und dem Zweiten Buch beziehen, nicht als Referenzhaushalte zu berücksichtigen sind. [4]Für die Bestimmung des Anteils der Referenzhaushalte an den jeweiligen Haushalten der Sonderauswertungen ist ein für statistische Zwecke hinreichend großer Stichprobenumfang zu gewährleisten.

(4) [1]Die in Sonderauswertungen nach Absatz 3 ausgewiesenen Verbrauchsausgaben der Referenzhaushalte sind für die Ermittlung der Regelbedarfsstufen als regelbedarfsrelevant zu berücksichtigen, soweit sie zur Sicherung des Existenzminimums notwendig sind und eine einfache Lebensweise ermöglichen, wie sie einkommensschwache Haushalte aufweisen, die ihren Lebensunterhalt nicht ausschließlich aus Leistungen nach diesem oder dem Zweiten Buch bestreiten. [2]Nicht als regelbedarfsrelevant zu berücksichtigen sind Verbrauchsausgaben der Referenzhaushalte, wenn sie bei Leistungsberechtigten nach diesem Buch oder dem Zweiten Buch

1. durch bundes- oder landesgesetzliche Leistungsansprüche, die der Finanzierung einzelner Verbrauchspositionen der Sonderauswertungen dienen, abgedeckt sind und diese Leistungsansprüche kein anrechenbares Einkommen nach § 82 oder § 11 des Zweiten Buches darstellen oder

2. nicht anfallen, weil bundesweit in einheitlicher Höhe Vergünstigungen gelten.

[3]Die Summen der sich nach den Sätzen 1 und 2 ergebenden regelbedarfsrelevanten Verbrauchsausgaben der Referenzhaushalte sind Grundlage für die Prüfung der Regelbedarfsstufen, insbesondere für die Altersabgrenzungen bei Kindern und Jugendlichen. [4]Die für die Ermittlung der Regelbedarfsstufen

zugrunde zu legenden Summen regelbedarfsrelevanter Verbrauchsausgaben sind mit der sich nach § 28a Absatz 2 ergebenden Veränderungsrate entsprechend fortzuschreiben. [5]Die Höhe der nach Satz 3 fortgeschriebenen Summen der regelbedarfsrelevanten Verbrauchsausgaben sind jeweils bis unter 0,50 Euro abzurunden sowie von 0,50 Euro an aufzurunden und ergeben die Regelbedarfsstufen (Anlage).

§ 28a Fortschreibung der Regelbedarfsstufen

(1) [1]In Jahren, in denen keine Neuermittlung nach § 28 erfolgt, werden die Regelbedarfsstufen jeweils zum 1. Januar mit der sich nach Absatz 2 ergebenden Veränderungsrate fortgeschrieben. [2]§ 28 Absatz 4 Satz 5 gilt entsprechend.

(2)[1]Die Fortschreibung der Regelbedarfsstufen erfolgt aufgrund der bundesdurchschnittlichen Entwicklung der Preise für regelbedarfsrelevante Güter und Dienstleistungen sowie der bundesdurchschnittlichen Entwicklung der Nettolöhne und -gehälter je beschäftigten Arbeitnehmer nach der Volkswirtschaftlichen Gesamtrechnung (Mischindex). [2]Maßgeblich ist jeweils die Veränderungsrate, die sich aus der Veränderung in dem Zwölfmonatszeitraum, der mit dem 1. Juli des Vorvorjahres beginnt und mit dem 30. Juni des Vorjahres endet, gegenüber dem davorliegenden Zwölfmonatszeitraum ergibt. [3]Für die Ermittlung der jährlichen Veränderungsrate des Mischindexes wird die sich aus der Entwicklung der Preise aller regelbedarfsrelevanten Güter und Dienstleistungen ergebende Veränderungsrate mit einem Anteil von 70 vom Hundert und die sich aus der Entwicklung der Nettolöhne und -gehälter je beschäftigten Arbeitnehmer ergebende Veränderungsrate mit einem Anteil von 30 vom Hundert berücksichtigt.

(3) Das Bundesministerium für Arbeit und Soziales beauftragt das Statistische Bundesamt mit der Ermittlung der jährlichen Veränderungsrate für den Zeitraum nach Absatz 2 Satz 2 für

1. die Preise aller regelbedarfsrelevanten Güter und Dienstleistungen und

2. die durchschnittliche Nettolohn- und -gehaltssumme je durchschnittlich beschäftigten Arbeitnehmer.

§ 29 Festsetzung und Fortschreibung der Regelsätze

(1) [1]Werden die Regelbedarfsstufen nach § 28 neu ermittelt, gelten diese als neu festgesetzte Regelsätze (Neufestsetzung), solange die Länder keine abweichende Neufestsetzung vornehmen. [2]Satz 1 gilt entsprechend, wenn die Regelbedarfe nach § 28a fortgeschrieben werden.

(2) [1]Nehmen die Länder eine abweichende Neufestsetzung vor, haben sie die Höhe der monatlichen Regelsätze entsprechend der Abstufung der Regelbedarfe nach der Anlage zu § 28 durch Rechtsverordnung neu festzusetzen. [2]Sie können die Ermächtigung für die Neufestsetzung nach Satz 1 auf die zuständigen Landesministerien übertragen. [3]Für die abweichende Neufestsetzung sind anstelle der bundesdurchschnittlichen Regelbedarfsstufen, die sich nach § 28 aus der bundesweiten Auswertung der Einkommens- und Verbrauchsstichprobe ergeben, entsprechend aus regionalen Auswertungen der Einkommens- und Verbrauchsstichprobe ermittelte Regelbedarfsstufen zugrunde zu legen. [4]Die Länder können bei der Neufestsetzung der Regelsätze auch auf ihr Land bezogene besondere Umstände, die die Deckung des Regelbedarfs betreffen, berücksichtigen. Regelsätze, die nach Absatz 1 oder nach den Sätzen 1 bis 4 festgesetzt worden sind, können von den Ländern als Mindestregelsätze festgesetzt werden. [5]§ 28 Absatz 4 Satz 4 und 5 gilt für die Festsetzung der Regelsätze nach den Sätzen 1 bis 4 entsprechend.

(3) [1]Die Länder können die Träger der Sozialhilfe ermächtigen, auf der Grundlage von nach Absatz 2 Satz 5 bestimmten Mindestregelsätzen regionale Regelsätze festzusetzen; bei der Festsetzung können die Träger der Sozialhilfe regionale Besonderheiten sowie statistisch nachweisbare Abweichungen in den Verbrauchsausgaben berücksichtigen. [2]§ 28 Absatz 4 Satz 4 und 5 gilt für die Festsetzung der Regelsätze nach Satz 1 entsprechend.

(4) Werden die Regelsätze nach den Absätzen 2 und 3 abweichend von den Regelbedarfsstufen nach § 28 festgesetzt, sind diese in den Jahren, in denen keine Neuermittlung der Regelbedarfe nach § 28 erfolgt, jeweils zum 1. Januar durch Rechtsverordnung der Länder mit der Veränderungsrate der Regelbedarfe fortzuschreiben, die sich nach der Rechtsverordnung nach § 40 ergibt.

(5) Die nach den Absätzen 2 und 3 festgesetzten und nach Absatz 4 fortgeschriebenen Regelsätze gelten als Regelbedarfsstufen nach der Anlage zu § 28.

Zweiter Abschnitt
Zusätzliche Bedarfe

§ 30 Mehrbedarf

(1) Für Personen, die

1. die Altersgrenze nach § 41 Abs. 2 erreicht haben oder

2. die Altersgrenze nach § 41 Abs. 2 noch nicht erreicht haben und voll erwerbsgemindert nach dem Sechsten Buch sind,

und durch einen Bescheid der nach § 69 Abs. 4 des Neunten Buches zuständigen Behörde oder einen Ausweis nach § 69 Abs. 5 des Neunten Buches die Feststellung des Merkzeichens G nachweisen, wird ein Mehrbedarf von 17 vom Hundert der maßgebenden Regelbedarfsstufe anerkannt, soweit nicht im Einzelfall ein abweichender Bedarf besteht.

(2) Für werdende Mütter nach der 12. Schwangerschaftswoche wird ein Mehrbedarf von 17 vom Hundert der maßgebenden Regelbedarfsstufe anerkannt, soweit nicht im Einzelfall ein abweichender Bedarf besteht.

(3) Für Personen, die mit einem oder mehreren minderjährigen Kindern zusammenleben und allein für deren Pflege und Erziehung sorgen, ist, soweit kein abweichender Bedarf besteht, ein Mehrbedarf anzuerkennen

1. in Höhe von 36 vom Hundert der Regelbedarfsstufe 1 nach der Anlage zu § 28 für ein Kind unter sieben Jahren oder für zwei oder drei Kinder unter sechzehn Jahren, oder

2. in Höhe von 12 vom Hundert der Regelbedarfsstufe 1 nach der Anlage zu § 28 für jedes Kind, wenn die Voraussetzungen nach Nummer 1 nicht vorliegen, höchstens jedoch in Höhe von 60 vom Hundert der Regelbedarfsstufe 1 nach der Anlage zu § 28.

(4) [1]Für behinderte Menschen, die das 15. Lebensjahr vollendet haben und denen Eingliederungshilfe nach § 54 Abs. 1 Satz 1 Nr. 1 bis 3 geleistet wird, wird ein Mehrbedarf von 35 vom Hundert der maßgebenden Regelbedarfsstufe anerkannt, soweit nicht im Einzelfall ein abweichender Bedarf besteht. [2]Satz 1 kann auch nach Beendigung der in § 54 Abs. 1 Satz 1 Nr. 1 bis 3 genannten Leistungen während einer angemessenen Übergangszeit, insbesondere einer Einarbeitungszeit, angewendet werden. [3]Absatz 1 Nr. 2 ist daneben nicht anzuwenden.

(5) Für Kranke, Genesende, behinderte Menschen oder von einer Krankheit oder von einer Behinderung bedrohte Menschen, die einer kostenaufwändigen Ernährung bedürfen, wird ein Mehrbedarf in angemessener Höhe anerkannt.

(6) Die Summe des nach den Absätzen 1 bis 5 insgesamt anzuerkennenden Mehrbedarfs darf die Höhe der maßgebenden Regelbedarfsstufe nicht übersteigen.

(7) [1]Für Leistungsberechtigte wird ein Mehrbedarf anerkannt, soweit Warmwasser durch in der Unterkunft installierte Vorrichtungen erzeugt wird (dezentrale Warmwassererzeugung) und deshalb keine Leistungen für Warmwasser nach § 35 Absatz 4 erbracht werden. [2]Der Mehrbedarf beträgt für jede im Haushalt lebende leistungsberechtigte Person entsprechend ihrer Regelbedarfsstufe nach der Anlage zu § 28 jeweils

1. 2,3 vom Hundert der Regelbedarfsstufen 1 bis 3,

2. 1,4 vom Hundert der Regelbedarfsstufe 4,

3. 1,2 vom Hundert der Regelbedarfsstufe 5 oder

4. 0,8 vom Hundert der Regelbedarfsstufe 6,

soweit nicht im Einzelfall ein abweichender Bedarf besteht oder ein Teil des angemessenen Warmwasserbedarfs durch Leistungen nach § 35 Absatz 4 gedeckt wird.

§ 31 Einmalige Bedarfe

(1) Leistungen für

1. Erstausstattungen für die Wohnung einschließlich Haushaltsgeräten,

2. Erstausstattungen für Bekleidung und Erstausstattungen bei Schwangerschaft und Geburt sowie

3. Anschaffung und Reparaturen von orthopädischen Schuhen, Reparaturen von therapeutischen Geräten und Ausrüstungen sowie die Miete von therapeutischen Geräten

werden gesondert erbracht.

(2) [1]Einer Person, die Sozialhilfe beansprucht (nachfragende Person), werden, auch wenn keine Regelsätze zu gewähren sind, für einmalige Bedarfe nach Absatz 1 Leistungen erbracht, wenn sie diese nicht aus eigenen Kräften und Mitteln vollständig decken kann. [2]In diesem Falle kann das Einkommen berücksichtigt werden, das sie innerhalb eines Zeitraums von bis zu sechs Monaten nach Ablauf des Monats erwerben, in dem über die Leistung entschieden worden ist.

(3) [1]Die Leistungen nach Absatz 1 Nr. 1 und 2 können als Pauschalbeträge erbracht werden. [2]Bei der Bemessung der Pauschalbeträge sind geeignete Angaben über die erforderlichen Aufwendungen und nachvollziehbare Erfahrungswerte zu berücksichtigen.

§ 32 Beiträge für die Kranken- und Pflegeversicherung

(1) [1]Für Pflichtversicherte im Sinne des § 5 Abs. 1 Nr. 13 des Fünften Buches, des § 2 Abs. 1 Nr. 7 des Zweiten Gesetzes über die Krankenversicherung der Landwirte, für Weiterversicherte im Sinne des § 9 Abs. 1 Nr. 1 des Fünften Buches und des § 6 Abs. 1 Nr. 1 des Zweiten Gesetzes über die Krankenversicherung der Landwirte sowie für Rentenantragsteller, die nach § 189 des Fünften Buches als Mitglied einer Krankenkasse gelten, werden die Krankenversicherungsbeiträge übernommen, soweit die genannten Personen die Voraussetzungen des § 27 Absatz 1 und 2 erfüllen. [2]§ 82 Abs. 2 Nr. 2 und 3 ist insoweit nicht anzuwenden. [3]Bei Pflichtversicherten im Sinne des § 5 Abs. 1 Nr. 13 des Fünften Buches und des § 2 Abs. 1 Nr. 7 des Zweiten Gesetzes über die Krankenversicherung der Landwirte, die die Voraussetzungen des § 27 Absatz 1 und 2 nur wegen der Zahlung der Beiträge erfüllen, sind die Beiträge auf Anforderung der zuständigen Krankenkasse unmittelbar und in voller Höhe an diese zu zahlen; die Leistungsberechtigten sind hiervon sowie von einer Verpflichtung nach § 19 Abs. 5 schriftlich zu unterrichten. [4]Die Anforderung der Krankenkasse nach Satz 4 hat einen Nachweis darüber zu enthalten, dass eine zweckentsprechende Verwendung der Leistungen für Beiträge durch den Leistungsberechtigten nicht gesichert ist.

(2) [1]Für freiwillig Versicherte im Sinne des § 9 Abs. 1 Nr. 2 bis 8 des Fünften Buches oder des § 6 Abs. 1 Nr. 2 des Zweiten Gesetzes über die Krankenversicherung der Landwirte können Krankenversicherungsbeiträge übernommen werden, soweit die Voraussetzungen des § 27 Absatz 1 und 2 erfüllt sind. [2]Zur Aufrechterhaltung einer freiwilligen Krankenversicherung werden solche Beiträge übernommen, wenn Hilfe zum Lebensunterhalt voraussichtlich nur für kurze Dauer zu leisten ist. [3]§ 82 Abs. 2 Nr. 2 und 3 ist insoweit nicht anzuwenden.

(3) Soweit nach den Absätzen 1 und 2 Beiträge für die Krankenversicherung übernommen werden, werden auch die damit zusammenhängenden Beiträge zur Pflegeversicherung übernommen.

(4) Die Übernahme der Beiträge nach den Absätzen 1 und 2 umfasst bei Versicherten nach dem Fünften Buch auch den Zusatzbeitrag nach § 242 des Fünften Buches.

(5) [1]Besteht eine Krankenversicherung bei einem Versicherungsunternehmen, werden die Aufwendungen übernommen, soweit sie angemessen und die Voraussetzungen des § 19 Abs. 1 erfüllt sind. [2]Besteht die Leistungsberechtigung voraussichtlich nur für kurze Dauer, können zur Aufrechterhaltung einer Krankenversicherung bei einem Versicherungsunternehmen auch höhere Aufwendungen übernommen werden. [3]§ 82

Abs. 2 Nr. 2 und 3 ist insoweit nicht anzuwenden. [4]Soweit nach den Sätzen 1 und 2 Aufwendungen für die Krankenversicherung übernommen werden, werden auch die Aufwendungen für eine Pflegeversicherung übernommen. [5]Die zu übernehmenden Aufwendungen für eine Krankenversicherung nach Satz 1 und die entsprechenden Aufwendungen für eine Pflegeversicherung nach Satz 4 sind an das Versicherungsunternehmen zu zahlen, bei dem die leistungsberechtigte Person versichert ist.

§ 33 Beiträge für die Vorsorge

(1) Um die Voraussetzungen eines Anspruchs auf eine angemessene Alterssicherung zu erfüllen, können die erforderlichen Aufwendungen übernommen werden, insbesondere

1. Beiträge zur gesetzlichen Rentenversicherung,

2. Beiträge zu landwirtschaftlichen Alterskassen,

3. Beiträge zu berufsständischen Versorgungseinrichtungen, die den gesetzlichen Rentenversicherungen vergleichbare Leistungen erbringen,

4. Beiträge für eine eigene kapitalgedeckte Altersvorsorge in Form einer lebenslangen Leibrente, wenn der Vertrag nur die Zahlung einer monatlichen auf das Leben des Steuerpflichtigen bezogenen lebenslangen Leibrente nicht vor Vollendung des 60. Lebensjahres vorsieht, sowie

5. geförderte Altersvorsorgebeträge nach § 82 des Einkommensteuergesetzes, soweit sie den Mindesteigenbeitrag nach § 86 des Einkommensteuergesetzes nicht überschreiten.

(2) Um die Voraussetzungen eines Anspruchs auf ein angemessenes Sterbegeld zu erfüllen, können die erforderlichen Aufwendungen übernommen werden.

Dritter Abschnitt
Bildung und Teilhabe

§ 34 Bedarfe für Bildung und Teilhabe

(1) [1]Bedarfe für Bildung nach den Absätzen 2 bis 7 von Schülerinnen und Schülern, die eine allgemein- oder berufsbildende Schule besuchen, sowie Bedarfe von Kindern und Jugendlichen für Teilhabe am sozialen und kulturellen Leben in der Gemeinschaft nach Absatz 6 werden neben den maßgebenden Regelbedarfsstufen gesondert berücksichtigt. [2]Leistungen hierfür werden nach den Maßgaben des § 34a gesondert erbracht.

(2) [1]Bedarfe werden bei Schülerinnen und Schülern in Höhe der tatsächlichen Aufwendungen anerkannt für

1. Schulausflüge und

2. mehrtägige Klassenfahrten im Rahmen der schulrechtlichen Bestimmungen.

[2]Für Kinder, die eine Kindertageseinrichtung besuchen, gilt Satz 1 entsprechend.

(3) Bedarfe für die Ausstattung mit persönlichem Schulbedarf werden bei Schülerinnen und Schülern für den Monat, in dem der erste Schultag liegt, in Höhe von 70 Euro und für den Monat, in dem das zweite Schulhalbjahr beginnt, in Höhe von 30 Euro anerkannt.

(4) Für Schülerinnen und Schüler, die für den Besuch der nächstgelegenen Schule des gewählten Bildungsgangs auf Schülerbeförderung angewiesen sind, werden die dafür erforderlichen tatsächlichen Aufwendungen berücksichtigt, soweit sie nicht von Dritten übernommen werden und es der leistungsberechtigten Person nicht zugemutet werden kann, sie aus dem Regelbedarf zu bestreiten.

(5) Für Schülerinnen und Schüler wird eine schulische Angebote ergänzende angemessene Lernförderung berücksichtigt, soweit diese geeignet und zusätzlich erforderlich ist, um die nach den schulrechtlichen Bestimmungen festgelegten wesentlichen Lernziele zu erreichen.

(6) [1]Bei Teilnahme an einer gemeinschaftlichen Mittagsverpflegung werden die entstehenden Mehraufwendungen berücksichtigt für

1. Schülerinnen und Schüler und

2. Kinder, die eine Tageseinrichtung besuchen oder für die Kindertagespflege geleistet wird.

[2]Für Schülerinnen und Schüler gilt dies unter der Voraussetzung, dass die Mittagsverpflegung in schulischer Verantwortung angeboten wird. [3]In den Fällen des Satzes 2 ist für die

Ermittlung des monatlichen Bedarfs die Anzahl der Schultage in dem Land zugrunde zu legen, in dem der Schulbesuch stattfindet.

(7) Für Leistungsberechtigte bis zur Vollendung des 18. Lebensjahres wird ein Bedarf zur Teilhabe am sozialen und kulturellen Leben in der Gemeinschaft in Höhe von insgesamt 10 Euro monatlich berücksichtigt für

1. Mitgliedsbeiträge in den Bereichen Sport, Spiel, Kultur und Geselligkeit,

2. Unterricht in künstlerischen Fächern (zum Beispiel Musikunterricht) und vergleichbare angeleitete Aktivitäten der kulturellen Bildung und

3. die Teilnahme an Freizeiten.

§ 34a Erbringung der Leistungen für Bildung und Teilhabe

(1) [1]Leistungen zur Deckung der Bedarfe nach § 34 Absatz 2 und 4 bis 7 werden auf Antrag erbracht. [2]Einer nachfragenden Person werden, auch wenn keine Regelsätze zu gewähren sind, für Bedarfe nach § 34 Leistungen erbracht, wenn sie diese nicht aus eigenen Kräften und Mitteln vollständig decken kann. [3]Die Leistungen zur Deckung der Bedarfe nach § 34 Absatz 7 bleiben bei der Erbringung von Leistungen nach dem Sechsten Kapitel unberücksichtigt.

(2) [1]Leistungen zur Deckung der Bedarfe nach § 34 Absatz 2 und 5 bis 7 werden erbracht durch Sach- und Dienstleistungen, insbesondere in Form von personalisierten Gutscheinen oder Direktzahlungen an Anbieter von Leistungen zur Deckung dieser Bedarfe (Anbieter); die zuständigen Träger der Sozialhilfe bestimmen, in welcher Form sie die Leistungen erbringen. [2]Die Bedarfe nach § 34 Absatz 3 und 4 werden jeweils durch Geldleistungen gedeckt.

(3) [1]Werden die Bedarfe durch Gutscheine gedeckt, gelten die Leistungen mit Ausgabe des jeweiligen Gutscheins als erbracht. [2]Die zuständigen Träger der Sozialhilfe gewährleisten, dass Gutscheine bei geeigneten vorhandenen Anbietern oder zur Wahrnehmung ihrer eigenen Angebote eingelöst werden können. [3]Gutscheine können für den gesamten Bewilligungszeitraum im Voraus ausgegeben werden. [4]Die Gültigkeit von Gutscheinen

ist angemessen zu befristen. [5]Im Fall des Verlustes soll ein Gutschein erneut in dem Umfang ausgestellt werden, in dem er noch nicht in Anspruch genommen wurde.

(4) [1]Werden die Bedarfe durch Direktzahlungen an Anbieter gedeckt, gelten die Leistungen mit der Zahlung als erbracht. [2]Eine Direktzahlung ist für den gesamten Bewilligungszeitraum im Voraus möglich.

(5) [1]Im begründeten Einzelfall kann der zuständige Träger der Sozialhilfe einen Nachweis über eine zweckentsprechende Verwendung der Leistung verlangen. [2]Soweit der Nachweis nicht geführt wird, soll die Bewilligungsentscheidung widerrufen werden.

Vierter Abschnitt
Unterkunft und Heizung

§ 35 Unterkunft und Heizung

(1) [1]Leistungen für die Unterkunft werden in Höhe der tatsächlichen Aufwendungen erbracht. [2]Leistungen für die Unterkunft sind auf Antrag der leistungsberechtigten Person an den Vermieter oder andere Empfangsberechtigte zu zahlen. [3]Sie sollen an den Vermieter oder andere Empfangsberechtigte gezahlt werden, wenn die zweckentsprechende Verwendung durch die leistungsberechtigte Person nicht sichergestellt ist. [4]Das ist insbesondere der Fall, wenn

1. Mietrückstände bestehen, die zu einer außerordentlichen Kündigung des Mietverhältnisses berechtigen,

2. Energiekostenrückstände bestehen, die zu einer Unterbrechung der Energieversorgung berechtigen,

3. konkrete Anhaltspunkte für ein krankheits- oder suchtbedingtes Unvermögen der leistungsberechtigten Person bestehen, die Mittel zweckentsprechend zu verwenden, oder

4. konkrete Anhaltspunkte dafür bestehen, dass die im Schuldnerverzeichnis eingetragene leistungsberechtigte Person die Mittel nicht zweckentsprechend verwendet.

[5]Werden die Leistungen für die Unterkunft und Heizung an den Vermieter oder andere Empfangsberechtigte gezahlt, hat der Träger

der Sozialhilfe die leistungsberechtigte Person darüber schriftlich zu unterrichten.

(2) [1]Übersteigen die Aufwendungen für die Unterkunft den der Besonderheit des Einzelfalles angemessenen Umfang, sind sie insoweit als Bedarf der Personen, deren Einkommen und Vermögen nach § 27 Absatz 2 zu berücksichtigen sind, anzuerkennen. [2]Satz 1 gilt so lange, als es diesen Personen nicht möglich oder nicht zuzumuten ist, durch einen Wohnungswechsel, durch Vermieten oder auf andere Weise die Aufwendungen zu senken, in der Regel jedoch längstens für sechs Monate. [3]Vor Abschluss eines Vertrages über eine neue Unterkunft haben Leistungsberechtigte den dort zuständigen Träger der Sozialhilfe über die nach den Sätzen 1 und 2 maßgeblichen Umstände in Kenntnis zu setzen. [4]Sind die Aufwendungen für die neue Unterkunft unangemessen hoch, ist der Träger der Sozialhilfe nur zur Übernahme angemessener Aufwendungen verpflichtet, es sei denn, er hat den darüber hinausgehenden Aufwendungen vorher zugestimmt. [5]Wohnungsbeschaffungskosten, Mietkautionen und Umzugskosten können bei vorheriger Zustimmung übernommen werden; Mietkautionen sollen als Darlehen erbracht werden. [6]Eine Zustimmung soll erteilt werden, wenn der Umzug durch den Träger der Sozialhilfe veranlasst wird oder aus anderen Gründen notwendig ist und wenn ohne die Zustimmung eine Unterkunft in einem angemessenen Zeitraum nicht gefunden werden kann.

(3) [1]Der Träger der Sozialhilfe kann für seinen Bereich die Leistungen für die Unterkunft durch eine monatliche Pauschale abgelten, wenn auf dem örtlichen Wohnungsmarkt hinreichend angemessener freier Wohnraum verfügbar ist und in Einzelfällen die Pauschalierung nicht unzumutbar ist. [2]Bei der Bemessung der Pauschale sind die tatsächlichen Gegebenheiten des örtlichen Wohnungsmarkts, der örtliche Mietspiegel sowie die familiären Verhältnisse der Leistungsberechtigten zu berücksichtigen. [3]Absatz 2 Satz 1 gilt entsprechend.

(4) [1]Leistungen für Heizung und zentrale Warmwasserversorgung werden in tatsächlicher Höhe erbracht, soweit sie angemessen sind. [2]Die Leistungen können durch eine monatliche Pauschale abgegolten werden. [3]Bei der Bemessung der Pauschale sind die persönlichen und familiären Verhältnisse, die Größe und Beschaffenheit der Wohnung, die vorhandenen Heizmöglichkeiten und die örtlichen Gegebenheiten zu berücksichtigen.

§ 35a Satzung

[1]Hat ein Kreis oder eine kreisfreie Stadt eine Satzung nach den §§ 22a bis 22c des Zweiten Buches erlassen, so gilt sie für Leistungen für die Unterkunft nach § 35 Absatz 1 und 2 des zuständigen Trägers der Sozialhilfe entsprechend, sofern darin nach § 22b Absatz 3 des Zweiten Buches Sonderregelungen für Personen mit einem besonderen Bedarf für Unterkunft und Heizung getroffen werden und dabei zusätzlich auch die Bedarfe älterer Menschen berücksichtigt werden. [2]Dies gilt auch für Leistungen für Heizung nach § 35 Absatz 4, soweit die Satzung Bestimmungen nach § 22b Absatz 1 Satz 2 und 3 des Zweiten Buches enthält. [3]In Fällen der Sätze 1 und 2 ist § 35 Absatz 3 und 4 Satz 2 und 3 nicht anzuwenden.

§ 36 Sonstige Hilfen zur Sicherung der Unterkunft

(1) [1]Schulden können nur übernommen werden, wenn dies zur Sicherung der Unterkunft oder zur Behebung einer vergleichbaren Notlage gerechtfertigt ist. [2]Sie sollen übernommen werden, wenn dies gerechtfertigt und notwendig ist und sonst Wohnungslosigkeit einzutreten droht. [3]Geldleistungen können als Beihilfe oder als Darlehen erbracht werden.

(2) [1]Geht bei einem Gericht eine Klage auf Räumung von Wohnraum im Falle der Kündigung des Mietverhältnisses nach § 543 Absatz 1, 2 Satz 1 Nummer 3 in Verbindung mit § 569 Absatz 3 des Bürgerlichen Gesetzbuchs ein, teilt das Gericht dem zuständigen örtlichen Träger der Sozialhilfe oder der Stelle, die von ihm zur Wahrnehmung der in Absatz 1 bestimmten Aufgaben beauftragt wurde, unverzüglich Folgendes mit:

1. den Tag des Eingangs der Klage,
2. die Namen und die Anschriften der Parteien,

3

3. die Höhe der monatlich zu entrichtenden Miete,
4. die Höhe des geltend gemachten Mietrückstandes und der geltend gemachten Entschädigung sowie
5. den Termin zur mündlichen Verhandlung, sofern dieser bereits bestimmt ist.

[2]Außerdem kann der Tag der Rechtshängigkeit mitgeteilt werden. [3]Die Übermittlung unterbleibt, wenn die Nichtzahlung der Miete nach dem Inhalt der Klageschrift offensichtlich nicht auf Zahlungsunfähigkeit des Mieters beruht. [4]Die übermittelten Daten dürfen auch für entsprechende Zwecke der Kriegsopferfürsorge nach dem Bundesversorgungsgesetz verwendet werden.

**Fünfter Abschnitt
Gewährung von Darlehen**

§ 37 Ergänzende Darlehen

(1) Kann im Einzelfall ein von den Regelbedarfen umfasster und nach den Umständen unabweisbar gebotener Bedarf auf keine andere Weise gedeckt werden, sollen auf Antrag hierfür notwendige Leistungen als Darlehen erbracht werden.

(2) [1]Der Träger der Sozialhilfe übernimmt für Leistungsberechtigte nach § 27b Absatz 2 Satz 2 die jeweils von ihnen bis zur Belastungsgrenze (§ 62 des Fünften Buches) zu leistenden Zuzahlungen in Form eines ergänzenden Darlehens, sofern der Leistungsberechtigte nicht widerspricht. [2]Die Auszahlung der für das gesamte Kalenderjahr zu leistenden Zuzahlungen erfolgt unmittelbar an die zuständige Krankenkasse zum 1. Januar oder bei Aufnahme in eine stationäre Einrichtung. [3]Der Träger der Sozialhilfe teilt der zuständigen Krankenkasse spätestens bis zum 1. November des Vorjahres die Leistungsberechtigten nach § 27b Absatz 2 Satz 2 mit, soweit diese der Darlehensgewährung nach Satz 1 für das laufende oder ein vorangegangenes Kalenderjahr nicht widersprochen haben.

(3) In den Fällen des Absatzes 2 Satz 3 erteilt die Krankenkasse über den Träger der Sozialhilfe die in § 62 Absatz 1 Satz 1 des Fünften Buches genannte Bescheinigung jeweils bis

zum 1. Januar oder bei Aufnahme in eine stationäre Einrichtung und teilt dem Träger der Sozialhilfe die Höhe der den leistungsberechtigten Person zu leistenden Zuzahlungen mit; Veränderungen im Laufe eines Kalenderjahres sind unverzüglich mitzuteilen.

(4) [1]Für die Rückzahlung von Darlehen nach Absatz 1 können von den monatlichen Regelsätzen Teilbeträge bis zur Höhe von jeweils 5 vom Hundert der Regelbedarfsstufe 1 nach der Anlage zu § 28 einbehalten werden. [2]Die Rückzahlung von Darlehen nach Absatz 2 erfolgt in gleichen Teilbeträgen über das ganze Kalenderjahr.

§ 38 Darlehen bei vorübergehender Notlage

(1) [1]Sind Leistungen nach den §§ 28, 29, 30, 32, 33 und der Barbetrag nach § 35 Abs. 2 voraussichtlich nur für kurze Dauer zu erbringen, können Geldleistungen als Darlehen gewährt werden. [2]Darlehen an Mitglieder von Haushaltsgemeinschaften im Sinne des § 19 Abs. 1 Satz 2 können an einzelne Mitglieder oder an mehrere gemeinsam vergeben werden.

(2) Die Regelung des § 105 Abs. 2 findet entsprechende Anwendung.

**Sechster Abschnitt
Einschränkung von
Leistungsberechtigung und -umfang**

§ 39 Vermutung der Bedarfsdeckung

[1]Lebt eine nachfragende Person gemeinsam mit anderen Personen in einer Wohnung oder in einer entsprechenden anderen Unterkunft, so wird vermutet, dass sie gemeinsam wirtschaften (Haushaltsgemeinschaft) und dass die nachfragende Person von den anderen Personen Leistungen zum Lebensunterhalt erhält, soweit dies nach deren Einkommen und Vermögen erwartet werden kann. [2]Soweit nicht gemeinsam gewirtschaftet wird oder die nachfragende Person von den Mitgliedern der Haushaltsgemeinschaft keine ausreichenden Leistungen zum Lebensunterhalt erhält, ist ihr Hilfe zum Lebensunterhalt zu gewähren. [3]Satz 1 gilt nicht

1. für Schwangere oder Personen, die ihr leibliches Kind bis zur Vollendung seines sechsten Lebensjahres betreuen und mit ihren Eltern oder einem Elternteil zusammenleben, oder

2. für Personen, die im Sinne des § 53 behindert oder im Sinne des § 61 pflegebedürftig sind und von in Satz 1 genannten Personen betreut werden; dies gilt auch, wenn die genannten Voraussetzungen einzutreten drohen und das gemeinsame Wohnen im Wesentlichen zum Zweck der Sicherstellung der Hilfe und Versorgung erfolgt.

§ 39a Einschränkung der Leistung

(1) [1]Lehnen Leistungsberechtigte entgegen ihrer Verpflichtung die Aufnahme einer Tätigkeit oder die Teilnahme an einer erforderlichen Vorbereitung ab, vermindert sich die maßgebende Regelbedarfsstufe in einer ersten Stufe um bis zu 25 vom Hundert, bei wiederholter Ablehnung in weiteren Stufen um jeweils bis zu 25 vom Hundert. [2]Die Leistungsberechtigten sind vorher entsprechend zu belehren.

(2) § 26 Abs. 1 Satz 2 findet Anwendung.

Siebter Abschnitt
Verordnungsermächtigung

§ 40 Verordnungsermächtigung

[1]Das Bundesministerium für Arbeit und Soziales hat im Einvernehmen mit dem Bundesministerium der Finanzen durch Rechtsverordnung mit Zustimmung des Bundesrates

1. den für die Fortschreibung der Regelbedarfsstufen nach § 28a maßgeblichen Vomhundertsatz zu bestimmen und

2. die Anlage zu § 28 um die sich durch die Fortschreibung nach Nummer 1 zum 1. Januar eines Jahres ergebenden Regelbedarfsstufen zu ergänzen.

[2]Der Vomhundertsatz nach Satz 1 Nummer 1 ist auf zwei Dezimalstellen zu berechnen; die zweite Dezimalstelle ist um eins zu erhöhen, wenn sich in der dritten Dezimalstelle eine der Ziffern von 5 bis 9 ergibt. [3]Die Bestimmungen nach Satz 1 sollen bis zum 31. Oktober des jeweiligen Jahres erfolgen.

Viertes Kapitel
Grundsicherung im Alter und bei Erwerbsminderung

Erster Abschnitt
Grundsätze

§ 41 Leistungsberechtigte

(1) [1]Älteren und dauerhaft voll erwerbsgeminderten Personen mit gewöhnlichem Aufenthalt im Inland, die ihren notwendigen Lebensunterhalt nicht aus Einkommen und Vermögen nach den §§ 82 bis 84 und 90 bestreiten können, ist auf Antrag Grundsicherung im Alter und bei Erwerbsminderung zu leisten. [2]§ 91 ist anzuwenden.

(2) [1]Leistungsberechtigt wegen Alters nach Absatz 1 ist, wer die Altersgrenze erreicht hat. [2]Personen, die vor dem 1. Januar 1947 geboren sind, erreichen die Altersgrenze mit Vollendung des 65. Lebensjahres. [3]Für Personen, die nach dem 31. Dezember 1946 geboren sind, wird die Altersgrenze wie folgt angehoben:

für den Geburtsjahrgang	erfolgt eine Anhebung um Monate	auf Vollendung eines Lebensalters von
1947	1	65 Jahren und 1 Monat
1948	2	65 Jahren und 2 Monaten
1949	3	65 Jahren und 3 Monaten
1950	4	65 Jahren und 4 Monaten
1951	5	65 Jahren und 5 Monaten
1952	6	65 Jahren und 6 Monaten
1953	7	65 Jahren und 7 Monaten
1954	8	65 Jahren und 8 Monaten
1955	9	65 Jahren und 9 Monaten
1956	10	65 Jahren und 10 Monaten
1957	11	65 Jahren und 11 Monaten
1958	12	66 Jahren
1959	14	66 Jahren und 2 Monaten
1960	16	66 Jahren und 4 Monaten
1961	18	66 Jahren und 6 Monaten
1962	20	66 Jahren und 8 Monaten
1963	22	66 Jahren und 10 Monaten
ab 1964	24	67 Jahren.

(3) Leistungsberechtigt wegen einer dauerhaften vollen Erwerbsminderung nach Absatz 1 ist, wer das 18. Lebensjahr vollendet hat, unabhängig von der jeweiligen Arbeitsmarktlage voll erwerbsgemindert im Sinne

des § 43 Abs. 2 des Sechsten Buches ist und bei dem unwahrscheinlich ist, dass die volle Erwerbsminderung behoben werden kann.

(4) Keinen Anspruch auf Leistungen nach diesem Kapitel hat, wer in den letzten zehn Jahren die Bedürftigkeit vorsätzlich oder grob fahrlässig herbeigeführt hat.

§ 42 Umfang der Leistungen

Die Leistungen der Grundsicherung im Alter und bei Erwerbsminderung umfassen:

1. die sich für die leistungsberechtigte Person nach der Anlage zu § 28 ergebende Regelbedarfsstufe,

2. die zusätzlichen Bedarfe nach dem Zweiten Abschnitt des Dritten Kapitels,

3. die Bedarfe für Bildung und Teilhabe nach dem Dritten Abschnitt des Dritten Kapitels, ausgenommen die Bedarfe nach § 34 Absatz 7,

4. die Aufwendungen für Unterkunft und Heizung nach dem Vierten Abschnitt des Dritten Kapitels; bei Leistungen in einer stationären Einrichtung sind als Kosten für Unterkunft und Heizung Beträge in Höhe der durchschnittlichen angemessenen tatsächlichen Aufwendungen für die Warmmiete eines Einpersonenhaushaltes im Bereich des nach § 98 zuständigen Trägers der Sozialhilfe zugrunde zu legen,

5. ergänzende Darlehen nach § 37 Absatz 1.

§ 43 Besonderheiten bei Vermögenseinsatz und Unterhaltsansprüchen

(1) Einkommen und Vermögen des nicht getrennt lebenden Ehegatten oder Lebenspartners sowie des Partners einer eheähnlichen oder lebenspartnerschaftsähnlichen Gemeinschaft, die dessen notwendigen Lebensunterhalt nach § 27a übersteigen, sind zu berücksichtigen; § 39 Satz 1 ist nicht anzuwenden.

(2) [1]Unterhaltsansprüche der Leistungsberechtigten gegenüber ihren Kindern und Eltern bleiben unberücksichtigt, sofern deren jährliches Gesamteinkommen im Sinne des § 16 des Vierten Buches unter einem Betrag von 100 000 Euro liegt. [2]Es wird vermutet, dass das Einkommen der Unterhaltspflichti-

gen nach Satz 1 die dort genannte Grenze nicht überschreitet. [3]Zur Widerlegung der Vermutung nach Satz 2 kann der zuständige Träger der Sozialhilfe von den Leistungsberechtigten Angaben verlangen, die Rückschlüsse auf die Einkommensverhältnisse der Unterhaltspflichtigen nach Satz 1 zulassen. [4]Liegen im Einzelfall hinreichende Anhaltspunkte für ein Überschreiten der in Satz 1 genannten Einkommensgrenze vor, sind die Kinder oder Eltern der Leistungsberechtigten gegenüber dem Träger der Sozialhilfe verpflichtet, über ihre Einkommensverhältnisse Auskunft zu geben, soweit die Durchführung dieses Buches es erfordert. [5]Die Pflicht zur Auskunft umfasst die Verpflichtung, auf Verlangen des Trägers der Sozialhilfe Beweisurkunden vorzulegen oder ihrer Vorlage zuzustimmen. [6]Leistungsberechtigte haben keinen Anspruch auf Leistungen nach diesem Kapitel, wenn die nach Satz 2 geltende Vermutung nach Satz 4 und 5 widerlegt ist.

Zweiter Abschnitt
Verfahrensbestimmungen

§ 44 Besondere Verfahrensregelungen

(1) [1]Die Leistung wird in der Regel für zwölf Kalendermonate bewilligt. [2]Bei der Erstbewilligung oder bei einer Änderung der Leistung beginnt der Bewilligungszeitraum am Ersten des Monats, in dem der Antrag gestellt worden ist oder die Voraussetzungen für die Änderung eingetreten und mitgeteilt worden sind. [3]Bei einer Erstbewilligung nach dem Bezug von Arbeitslosengeld II oder Sozialgeld nach dem Zweiten Buch, der mit Erreichen der Altersgrenze nach § 7a des Zweiten Buches endet, beginnt der Bewilligungszeitraum mit dem Ersten des Monats, der auf den sich nach § 7a des Zweiten Buches ergebenden Monat folgt. [4]Führt eine Änderung nicht zu einer Begünstigung des Berechtigten, so beginnt der neue Bewilligungszeitraum am Ersten des Folgemonats.

(2) Eine Leistungsabsprache nach § 12 kann im Einzelfall stattfinden.

§ 45 Feststellung der dauerhaften vollen Erwerbsminderung

[1]Der zuständige Träger der Sozialhilfe ersucht den nach § 109a Absatz 2 des Sechsten Buches zuständigen Träger der Rentenversicherung, die medizinischen Voraussetzungen des § 41 Absatz 3 zu prüfen, wenn es auf Grund der Angaben und Nachweise des Leistungsberechtigten als wahrscheinlich erscheint, dass diese erfüllt sind und das zu berücksichtigende Einkommen und Vermögen nicht ausreicht, um den Lebensunterhalt vollständig zu decken. [2]Die Entscheidung des Trägers der Rentenversicherung ist für den ersuchenden Träger der Sozialhilfe bindend; dies gilt auch für eine Entscheidung des Trägers der Rentenversicherung nach § 109a Absatz 3 des Sechsten Buches. [3]Eines Ersuchens nach Satz 1 bedarf es nicht, wenn

1. ein Träger der Rentenversicherung bereits die Voraussetzungen des § 41 Absatz 3 im Rahmen eines Antrags auf eine Rente wegen Erwerbsminderung festgestellt hat oder

2. ein Träger der Rentenversicherung bereits nach § 109a Absatz 2 und 3 des Sechsten Buches eine gutachterliche Stellungnahme abgegeben hat oder

3. der Fachausschuss einer Werkstatt für behinderte Menschen über die Aufnahme in eine Werkstatt oder Einrichtung eine Stellungnahme nach Maßgabe der §§ 2 und 3 der Werkstättenverordnung abgegeben hat und der Leistungsberechtigte kraft Gesetzes nach § 43 Absatz 2 Satz 3 Nummer 1 des Sechsten Buches als voll erwerbsgemindert gilt.

[4]Die kommunalen Spitzenverbände und die Deutsche Rentenversicherung Bund können Vereinbarungen über das Verfahren schließen.

§ 46 Zusammenarbeit mit den Trägern der Rentenversicherung

[1]Der zuständige Träger der Rentenversicherung informiert und berät leistungsberechtigte Personen nach § 41, die rentenberechtigt sind, über die Leistungsvoraussetzungen und über das Verfahren nach diesem Kapitel. [2]Personen, die nicht rentenberechtigt sind, werden auf Anfrage beraten und informiert. [3]Liegt die Rente unter dem 27-fachen Betrag des geltenden aktuellen Rentenwertes in der gesetzlichen Rentenversicherung (§§ 68, 68a, 255e des Sechsten Buches), ist der Information zusätzlich ein Antragsformular beizufügen. [4]Der Träger der Rentenversicherung übersendet einen eingegangenen Antrag mit einer Mitteilung über die Höhe der monatlichen Rente und über das Vorliegen der Voraussetzungen der Leistungsberechtigung an den zuständigen Träger der Sozialhilfe. [5]Eine Verpflichtung des Trägers der Rentenversicherung nach Satz 1 besteht nicht, wenn eine Inanspruchnahme von Leistungen nach diesem Kapitel wegen der Höhe der gezahlten Rente sowie der im Rentenverfahren zu ermittelnden weiteren Einkommen nicht in Betracht kommt.

Dritter Abschnitt
Bundesbeteiligung

§ 46a Bundesbeteiligung

(1) Der Bund trägt ab dem Jahr 2012 jeweils einen Anteil von 45 vom Hundert der Nettoausgaben nach diesem Kapitel im Vorvorjahr.

(2) [1]Die Höhe der für die Erstattung durch den Bund nach Absatz 1 in einem Kalenderjahr zugrunde zu legenden Nettoausgaben entspricht den in den Ländern angefallenen reinen Ausgaben der Träger der Sozialhilfe nach diesem Kapitel, die vom Statistischen Bundesamt ermittelt werden; zugrunde zu legen sind die Nettoausgaben des Vorvorjahres nach dem Stand vom 1. April des Jahres, in dem die Bundesbeteiligung gezahlt wird. [2]Die Bundesbeteiligung wird jeweils zum 1. Juli an die Länder gezahlt.

Fünftes Kapitel
Hilfen zur Gesundheit

§ 47 Vorbeugende Gesundheitshilfe

[1]Zur Verhütung und Früherkennung von Krankheiten werden die medizinischen Vorsorgeleistungen und Untersuchungen erbracht. [2]Andere Leistungen werden nur erbracht, wenn ohne diese nach ärztlichem Ur-

teil eine Erkrankung oder ein sonstiger Gesundheitsschaden einzutreten droht.

§ 48 Hilfe bei Krankheit

[1]Um eine Krankheit zu erkennen, zu heilen, ihre Verschlimmerung zu verhüten oder Krankheitsbeschwerden zu lindern, werden Leistungen zur Krankenbehandlung entsprechend dem Dritten Kapitel Fünften Abschnitt Ersten Titel des Fünften Buches erbracht. [2]Die Regelungen zur Krankenbehandlung nach § 264 des Fünften Buches gehen den Leistungen der Hilfe bei Krankheit nach Satz 1 vor.

§ 49 Hilfe zur Familienplanung

[1]Zur Familienplanung werden die ärztliche Beratung, die erforderliche Untersuchung und die Verordnung der empfängnisregelnden Mittel geleistet. [2]Die Kosten für empfängnisverhütende Mittel werden übernommen, wenn diese ärztlich verordnet worden sind.

§ 50 Hilfe bei Schwangerschaft und Mutterschaft

Bei Schwangerschaft und Mutterschaft werden

1. ärztliche Behandlung und Betreuung sowie Hebammenhilfe,
2. Versorgung mit Arznei-, Verband- und Heilmitteln,
3. Pflege in einer stationären Einrichtung und
4. häusliche Pflegeleistungen nach § 65 Abs. 1

geleistet.

§ 51 Hilfe bei Sterilisation

Bei einer durch Krankheit erforderlichen Sterilisation werden die ärztliche Untersuchung, Beratung und Begutachtung, die ärztliche Behandlung, die Versorgung mit Arznei-, Verband- und Heilmitteln sowie die Krankenhauspflege geleistet.

§ 52 Leistungserbringung, Vergütung

(1) [1]Die Hilfen nach den §§ 47 bis 51 entsprechen den Leistungen der gesetzlichen Krankenversicherung. [2]Soweit Krankenkassen in ihrer Satzung Umfang und Inhalt der Leistungen bestimmen können, entscheidet der Träger der Sozialhilfe über Umfang und Inhalt der Hilfen nach pflichtgemäßem Ermessen.

(2) [1]Leistungsberechtigte haben die freie Wahl unter den Ärzten und Zahnärzten sowie den Krankenhäusern entsprechend den Bestimmungen der gesetzlichen Krankenversicherung. [2]Hilfen werden nur in dem durch Anwendung des § 65a des Fünften Buches erzielbaren geringsten Umfang geleistet.

(3) [1]Bei Erbringung von Leistungen nach den §§ 47 bis 51 sind die für die gesetzlichen Krankenkassen nach dem Vierten Kapitel des Fünften Buches geltenden Regelungen mit Ausnahme des Dritten Titels des Zweiten Abschnitts anzuwenden. [2]Ärzte, Psychotherapeuten im Sinne des § 28 Abs. 3 Satz 1 des Fünften Buches und Zahnärzte haben für ihre Leistungen Anspruch auf die Vergütung, welche die Ortskrankenkasse, in deren Bereich der Arzt, Psychotherapeut oder der Zahnarzt niedergelassen ist, für ihre Mitglieder zahlt. [3]Die sich aus den §§ 294, 295, 300 bis 302 des Fünften Buches für die Leistungserbringer ergebenden Verpflichtungen gelten auch für die Abrechnung von Leistungen nach diesem Kapitel mit dem Träger der Sozialhilfe. [4]Die Vereinbarungen nach § 303 Abs. 1 sowie § 304 des Fünften Buches gelten für den Träger der Sozialhilfe entsprechend.

(4) Leistungsberechtigten, die nicht in der gesetzlichen Krankenversicherung versichert sind, wird unter den Voraussetzungen von § 39a Satz 1 des Fünften Buches zu stationärer und teilstationärer Versorgung in Hospizen der von der gesetzlichen Krankenkassen entsprechend § 39a Satz 3 des Fünften Buches zu zahlende Zuschuss geleistet.

(5) Für Leistungen zur medizinischen Rehabilitation nach § 54 Abs. 1 Satz 1 gelten die Absätze 2 und 3 entsprechend.

Sechstes Kapitel
Eingliederungshilfe für behinderte Menschen

§ 53 Leistungsberechtigte und Aufgabe

(1) [1]Personen, die durch eine Behinderung im Sinne von § 2 Abs. 1 Satz 1 des Neunten

Buches wesentlich in ihrer Fähigkeit, an der Gesellschaft teilzuhaben, eingeschränkt oder von einer solchen wesentlichen Behinderung bedroht sind, erhalten Leistungen der Eingliederungshilfe, wenn und solange nach der Besonderheit des Einzelfalles, insbesondere nach Art oder Schwere der Behinderung, Aussicht besteht, dass die Aufgabe der Eingliederungshilfe erfüllt werden kann. [2]Personen mit einer anderen körperlichen, geistigen oder seelischen Behinderung können Leistungen der Eingliederungshilfe erhalten.

(2) [1]Von einer Behinderung bedroht sind Personen, bei denen der Eintritt der Behinderung nach fachlicher Erkenntnis mit hoher Wahrscheinlichkeit zu erwarten ist. [2]Dies gilt für Personen, für die vorbeugende Gesundheitshilfe und Hilfe bei Krankheit nach den §§ 47 und 48 erforderlich ist, nur, wenn auch bei Durchführung dieser Leistungen eine Behinderung einzutreten droht.

(3) [1]Besondere Aufgabe der Eingliederungshilfe ist es, eine drohende Behinderung zu verhüten oder eine Behinderung oder deren Folgen zu beseitigen oder zu mildern und die behinderten Menschen in die Gesellschaft einzugliedern. [2]Hierzu gehört insbesondere, den behinderten Menschen die Teilnahme am Leben in der Gemeinschaft zu ermöglichen oder zu erleichtern, ihnen die Ausübung eines angemessenen Berufs oder einer sonstigen angemessenen Tätigkeit zu ermöglichen oder sie so weit wie möglich unabhängig von Pflege zu machen.

(4) [1]Für die Leistungen zur Teilhabe gelten die Vorschriften des Neunten Buches, soweit sich aus diesem Buch und den auf Grund dieses Buches erlassenen Rechtsverordnungen nichts Abweichendes ergibt. [2]Die Zuständigkeit und die Voraussetzungen für die Leistungen zur Teilhabe richten sich nach diesem Buch.

§ 54 Leistungen der Eingliederungshilfe

(1) [1]Leistungen der Eingliederungshilfe sind neben den Leistungen nach den §§ 26, 33, 41 und 55 des Neunten Buches insbesondere
1. Hilfen zu einer angemessenen Schulbildung, insbesondere im Rahmen der allgemeinen Schulpflicht und zum Besuch

weiterführender Schulen einschließlich der Vorbereitung hierzu; die Bestimmungen über die Ermöglichung der Schulbildung im Rahmen der allgemeinen Schulpflicht bleiben unberührt,
2. Hilfe zur schulischen Ausbildung für einen angemessenen Beruf einschließlich des Besuchs einer Hochschule,
3. Hilfe zur Ausbildung für eine sonstige angemessene Tätigkeit,
4. Hilfe in vergleichbaren sonstigen Beschäftigungsstätten nach § 56,
5. nachgehende Hilfe zur Sicherung der Wirksamkeit der ärztlichen und ärztlich verordneten Leistungen und zur Sicherung der Teilhabe der behinderten Menschen am Arbeitsleben.

[2]Die Leistungen zur medizinischen Rehabilitation und zur Teilhabe am Arbeitsleben entsprechen jeweils den Rehabilitationsleistungen der gesetzlichen Krankenversicherung oder der Bundesagentur für Arbeit.

(2) Erhalten behinderte oder von einer Behinderung bedrohte Menschen in einer stationären Einrichtung Leistungen der Eingliederungshilfe, können ihnen oder ihren Angehörigen zum gegenseitigen Besuch Beihilfen geleistet werden, soweit es im Einzelfall erforderlich ist.

(3) [1]Eine Leistung der Eingliederungshilfe ist auch die Hilfe für die Betreuung in einer Pflegefamilie, soweit eine geeignete Pflegeperson Kinder und Jugendliche über Tag und Nacht in ihrem Haushalt versorgt und dadurch der Aufenthalt in einer vollstationären Einrichtung der Behindertenhilfe vermieden oder beendet werden kann. [2]Die Pflegeperson bedarf einer Erlaubnis nach § 44 des Achten Buches. [3]Diese Regelung tritt am 31. Dezember 2013 außer Kraft.

§ 55 Sonderregelung für behinderte Menschen in Einrichtungen

[1]Werden Leistungen der Eingliederungshilfe für behinderte Menschen in einer vollstationären Einrichtung der Hilfe für behinderte Menschen im Sinne des § 43a des Elften Buches erbracht, umfasst die Leistung auch die Pflegeleistungen in der Einrichtung. [2]Stellt

3

3

der Träger der Einrichtung fest, dass der behinderte Mensch so pflegebedürftig ist, dass die Pflege in der Einrichtung nicht sichergestellt werden kann, vereinbaren der Träger der Sozialhilfe und die zuständige Pflegekasse mit dem Einrichtungsträger, dass die Leistung in einer anderen Einrichtung erbracht wird; dabei ist angemessenen Wünschen des behinderten Menschen Rechnung zu tragen.

§ 56 Hilfe in einer sonstigen Beschäftigungsstätte

Hilfe in einer den anerkannten Werkstätten für behinderte Menschen nach § 41 des Neunten Buches vergleichbaren sonstigen Beschäftigungsstätte kann geleistet werden.

§ 57 Trägerübergreifendes Persönliches Budget

[1]Leistungsberechtigte nach § 53 können auf Antrag Leistungen der Eingliederungshilfe auch als Teil eines trägerübergreifenden Persönlichen Budgets erhalten. [2]§ 17 Abs. 2 bis 4 des Neunten Buches in Verbindung mit der Budgetverordnung und § 159 des Neunten Buches sind insoweit anzuwenden.

§ 58 Gesamtplan

(1) Der Träger der Sozialhilfe stellt so frühzeitig wie möglich einen Gesamtplan zur Durchführung der einzelnen Leistungen auf.

(2) Bei der Aufstellung des Gesamtplans und der Durchführung der Leistungen wirkt der Träger der Sozialhilfe mit dem behinderten Menschen und den sonst im Einzelfall Beteiligten, insbesondere mit dem behandelnden Arzt, dem Gesundheitsamt, dem Landesarzt, dem Jugendamt und den Dienststellen der Bundesagentur für Arbeit, zusammen.

§ 59 Aufgaben des Gesundheitsamtes

Das Gesundheitsamt oder die durch Landesrecht bestimmte Stelle hat die Aufgabe,

1. behinderte Menschen oder Personensorgeberechtigte über die nach Art und Schwere der Behinderung geeigneten ärztlichen und sonstigen Leistungen der Eingliederungshilfe im Benehmen mit dem behandelnden Arzt auch während und nach der Durchführung von Heilmaßnahmen und Leistungen der Eingliederungshilfe zu beraten; die Beratung ist mit Zustimmung des behinderten Menschen oder des Personensorgeberechtigten im Benehmen mit den an der Durchführung der Leistungen der Eingliederungshilfe beteiligten Stellen oder Personen vorzunehmen. Steht der behinderte Mensch schon in ärztlicher Behandlung, setzt sich das Gesundheitsamt mit dem behandelnden Arzt in Verbindung. Bei der Beratung ist ein amtliches Merkblatt auszuhändigen. Für die Beratung sind im Benehmen mit den Landesärzten die erforderlichen Sprechtage durchzuführen.

2. mit Zustimmung des behinderten Menschen oder des Personensorgeberechtigten mit der gemeinsamen Servicestelle nach den §§ 22 und 23 des Neunten Buches den Rehabilitationsbedarf abzuklären und die für die Leistungen der Eingliederungshilfe notwendige Vorbereitung abzustimmen und

3. die Unterlagen auszuwerten und sie zur Planung der erforderlichen Einrichtungen und zur weiteren wissenschaftlichen Auswertung nach näherer Bestimmung der zuständigen obersten Landesbehörde weiterzuleiten. Bei der Weiterleitung der Unterlagen sind die Namen der behinderten Menschen und der Personensorgeberechtigten nicht anzugeben.

§ 60 Verordnungsermächtigung

Die Bundesregierung kann durch Rechtsverordnung mit Zustimmung des Bundesrates Bestimmungen über die Abgrenzung des leistungsberechtigten Personenkreises der behinderten Menschen, über Art und Umfang der Leistungen der Eingliederungshilfe sowie über das Zusammenwirken mit anderen Stellen, die den Leistungen der Eingliederungshilfe entsprechende Leistungen durchführen, erlassen.

Siebtes Kapitel
Hilfe zur Pflege

§ 61 Leistungsberechtigte und Leistungen

(1) [1]Personen, die wegen einer körperlichen, geistigen oder seelischen Krankheit oder Behinderung für die gewöhnlichen und regelmäßig wiederkehrenden Verrichtungen im Ablauf des täglichen Lebens auf Dauer, voraussichtlich für mindestens sechs Monate, in erheblichem oder höherem Maße der Hilfe bedürfen, ist Hilfe zur Pflege zu leisten. [2]Hilfe zur Pflege ist auch Kranken und behinderten Menschen zu leisten, die voraussichtlich für weniger als sechs Monate der Pflege bedürfen oder einen geringeren Bedarf als nach Satz 1 haben oder die der Hilfe für andere Verrichtungen als nach Absatz 5 bedürfen; für Leistungen für eine stationäre oder teilstationäre Einrichtung gilt dies nur, wenn es nach der Besonderheit des Einzelfalles erforderlich ist, insbesondere ambulante oder teilstationäre Leistungen nicht zumutbar sind oder nicht ausreichen.

(2) [1]Die Hilfe zur Pflege umfasst häusliche Pflege, Hilfsmittel, teilstationäre Pflege, Kurzzeitpflege und stationäre Pflege. [2]Der Inhalt der Leistungen nach Satz 1 bestimmt sich nach den Regelungen der Pflegeversicherung für die in § 28 Abs. 1 Nr. 1, 5 bis 8 des Elften Buches aufgeführten Leistungen; § 28 Abs. 4 des Elften Buches gilt entsprechend. [3]Die Hilfe zur Pflege kann auf Antrag auch als Teil eines trägerübergreifenden Persönlichen Budgets erbracht werden. [4]§ 17 Abs. 2 bis 4 des Neunten Buches in Verbindung mit der Budgetverordnung und § 159 des Neunten Buches sind insoweit anzuwenden.

(3) Krankheiten oder Behinderungen im Sinne des Absatzes 1 sind:

1. Verluste, Lähmungen oder andere Funktionsstörungen am Stütz- und Bewegungsapparat,
2. Funktionsstörungen der inneren Organe oder der Sinnesorgane,
3. Störungen des Zentralnervensystems wie Antriebs-, Gedächtnis- oder Orientierungsstörungen sowie endogene Psychosen, Neurosen oder geistige Behinderungen,

4. andere Krankheiten oder Behinderungen, infolge deren Personen pflegebedürftig im Sinne des Absatzes 1 sind.

(4) Der Bedarf des Absatzes 1 besteht in der Unterstützung, in der teilweisen oder vollständigen Übernahme der Verrichtungen im Ablauf des täglichen Lebens oder in Beaufsichtigung oder Anleitung mit dem Ziel der eigenständigen Übernahme dieser Verrichtungen.

(5) Gewöhnliche und regelmäßig wiederkehrende Verrichtungen im Sinne des Absatzes 1 sind:

1. im Bereich der Körperpflege das Waschen, Duschen, Baden, die Zahnpflege, das Kämmen, Rasieren, die Darm- und Blasenentleerung,
2. im Bereich der Ernährung das mundgerechte Zubereiten oder die Aufnahme der Nahrung,
3. im Bereich der Mobilität das selbstständige Aufstehen und Zu-Bett-Gehen, An- und Auskleiden, Gehen, Stehen, Treppensteigen oder das Verlassen und Wiederaufsuchen der Wohnung,
4. im Bereich der hauswirtschaftlichen Versorgung das Einkaufen, Kochen, Reinigen der Wohnung, Spülen, Wechseln und Waschen der Wäsche und Kleidung und das Beheizen.

(6) Die Verordnung nach § 16 des Elften Buches, die Richtlinien der Pflegekassen nach § 17 des Elften Buches, die Verordnung nach § 30 des Elften Buches, die Rahmenverträge und Bundesempfehlungen über die pflegerische Versorgung nach § 75 des Elften Buches und die Vereinbarungen über die Qualitätssicherung nach § 113 des Elften Buches finden zur näheren Bestimmung des Begriffs der Pflegebedürftigkeit, des Inhalts der Pflegeleistung, der Unterkunft und Verpflegung und zur Abgrenzung, Höhe und Anpassung der Pflegegelder nach § 64 entsprechende Anwendung.

§ 62 Bindung an die Entscheidung der Pflegekasse

Die Entscheidung der Pflegekasse über das Ausmaß der Pflegebedürftigkeit nach dem

Elften Buch ist auch der Entscheidung im Rahmen der Hilfe zur Pflege zu Grunde zu legen, soweit sie auf Tatsachen beruht, die bei beiden Entscheidungen zu berücksichtigen sind.

§ 63 Häusliche Pflege

[1]Reicht im Fall des § 61 Abs. 1 häusliche Pflege aus, soll der Träger der Sozialhilfe darauf hinwirken, dass die Pflege einschließlich der hauswirtschaftlichen Versorgung durch Personen, die dem Pflegebedürftigen nahe stehen, oder als Nachbarschaftshilfe übernommen wird. [2]Das Nähere regeln die §§ 64 bis 66. [3]In einer stationären oder teilstationären Einrichtung erhalten Pflegebedürftige keine Leistungen zur häuslichen Pflege. [4]Satz 3 gilt nicht für vorübergehende Aufenthalte in einem Krankenhaus nach § 108 des Fünften Buches, soweit Pflegebedürftige nach § 66 Absatz 4 Satz 2 ihre Pflege durch von ihnen beschäftigte besondere Pflegekräfte sicherstellen. [5]Die vorrangigen Leistungen des Pflegegeldes für selbst beschaffte Pflegehilfen nach den §§ 37 und 38 des Elften Buches sind anzurechnen. [6]§ 39 des Fünften Buches bleibt unberührt.

§ 64 Pflegegeld

(1) Pflegebedürftige, die bei der Körperpflege, der Ernährung oder der Mobilität für wenigstens zwei Verrichtungen aus einem oder mehreren Bereichen mindestens einmal täglich der Hilfe bedürfen und zusätzlich mehrfach in der Woche Hilfe bei der hauswirtschaftlichen Versorgung benötigen (erheblich Pflegebedürftige), erhalten ein Pflegegeld in Höhe des Betrages nach § 37 Abs. 1 Satz 3 Nr. 1 des Elften Buches.

(2) Pflegebedürftige, die bei der Körperpflege, der Ernährung oder der Mobilität für mehrere Verrichtungen mindestens dreimal täglich zu verschiedenen Tageszeiten der Hilfe bedürfen und zusätzlich mehrfach in der Woche Hilfe bei der hauswirtschaftlichen Versorgung benötigen (Schwerpflegebedürftige), erhalten ein Pflegegeld in Höhe des Betrages nach § 37 Abs. 1 Satz 3 Nr. 2 des Elften Buches.

(3) Pflegebedürftige, die bei der Körperpflege, der Ernährung oder der Mobilität für mehrere Verrichtungen täglich rund um die Uhr, auch nachts, der Hilfe bedürfen und zusätzlich mehrfach in der Woche Hilfe bei der hauswirtschaftlichen Versorgung benötigen (Schwerstpflegebedürftige), erhalten ein Pflegegeld in Höhe des Betrages nach § 37 Abs. 1 Satz 3 Nr. 3 des Elften Buches.

(4) Bei pflegebedürftigen Kindern ist der infolge Krankheit oder Behinderung gegenüber einem gesunden gleichaltrigen Kind zusätzliche Pflegebedarf maßgebend.

(5) [1]Der Anspruch auf das Pflegegeld setzt voraus, dass der Pflegebedürftige und die Sorgeberechtigten bei pflegebedürftigen Kindern mit dem Pflegegeld dessen Umfang entsprechend die erforderliche Pflege in geeigneter Weise selbst sicherstellen. [2]Besteht der Anspruch nicht für den vollen Kalendermonat, ist der Geldbetrag entsprechend zu kürzen. [3]Bei der Kürzung ist der Kalendermonat mit 30 Tagen anzusetzen. [4]Das Pflegegeld wird bis zum Ende des Kalendermonats geleistet, in dem der Pflegebedürftige gestorben ist. [5]Stellt die Pflegekasse ihre Leistungen nach § 37 Abs. 6 des Elften Buches ganz oder teilweise ein, entfällt die Leistungspflicht nach den Absätzen 1 bis 4.

§ 65 Andere Leistungen

(1) [1]Pflegebedürftigen im Sinne des § 61 Abs. 1 sind die angemessenen Aufwendungen der Pflegeperson zu erstatten; auch können angemessene Beihilfen geleistet sowie Beiträge der Pflegeperson für eine angemessene Alterssicherung übernommen werden, wenn diese nicht anderweitig sichergestellt ist. [2]Ist neben oder anstelle der Pflege nach § 63 Satz 1 die Heranziehung einer besonderen Pflegekraft erforderlich oder eine Beratung oder zeitweilige Entlastung der Pflegeperson geboten, sind die angemessenen Kosten zu übernehmen.

(2) Pflegebedürftigen, die Pflegegeld nach § 64 erhalten, sind zusätzlich die Aufwendungen für die Beiträge einer Pflegeperson oder einer besonderen Pflegekraft für eine angemessene Alterssicherung zu erstatten, wenn diese nicht anderweitig sichergestellt ist.

§ 66 Leistungskonkurrenz

(1) [1]Leistungen nach § 64 und § 65 Abs. 2 werden nicht erbracht, soweit Pflegebedürftige gleichartige Leistungen nach anderen Rechtsvorschriften erhalten. [2]Auf das Pflegegeld sind Leistungen nach § 72 oder gleichartige Leistungen nach anderen Rechtsvorschriften mit 70 vom Hundert, Pflegegelder nach dem Elften Buch jedoch in dem Umfang, in dem sie geleistet werden, anzurechnen.

(2) [1]Die Leistungen nach § 65 werden neben den Leistungen nach § 64 erbracht. [2]Werden Leistungen nach § 65 Abs. 1 oder gleichartige Leistungen nach anderen Rechtsvorschriften erbracht, kann das Pflegegeld um bis zu zwei Drittel gekürzt werden.

(3) Bei teilstationärer Betreuung von Pflegebedürftigen oder einer vergleichbaren nicht nach diesem Buch durchgeführten Maßnahme kann das Pflegegeld nach § 64 angemessen gekürzt werden.

(4) [1]Leistungen nach § 65 Abs. 1 werden insoweit nicht erbracht, als Pflegebedürftige in der Lage sind, zweckentsprechende Leistungen nach anderen Rechtsvorschriften in Anspruch zu nehmen. [2]Stellen die Pflegebedürftigen ihre Pflege durch von ihnen beschäftigte besondere Pflegekräfte sicher, können sie nicht auf die Inanspruchnahme von Sachleistungen nach dem Elften Buch verwiesen werden. [3]In diesen Fällen ist ein nach dem Elften Buch geleistetes Pflegegeld vorrangig auf die Leistung nach § 65 Abs. 1 anzurechnen.

Achtes Kapitel
Hilfe zur Überwindung besonderer sozialer Schwierigkeiten

§ 67 Leistungsberechtigte

[1]Personen, bei denen besondere Lebensverhältnisse mit sozialen Schwierigkeiten verbunden sind, sind Leistungen zur Überwindung dieser Schwierigkeiten zu erbringen, wenn sie aus eigener Kraft hierzu nicht fähig sind. [2]Soweit der Bedarf durch Leistungen nach anderen Vorschriften dieses Buches oder des Achten Buches gedeckt wird, gehen diese der Leistung nach Satz 1 vor.

§ 68 Umfang der Leistungen

(1) [1]Die Leistungen umfassen alle Maßnahmen, die notwendig sind, um die Schwierigkeiten abzuwenden, zu beseitigen, zu mildern oder ihre Verschlimmerung zu verhüten, insbesondere Beratung und persönliche Betreuung für die Leistungsberechtigten und ihre Angehörigen, Hilfen zur Ausbildung, Erlangung und Sicherung eines Arbeitsplatzes sowie Maßnahmen bei der Erhaltung und Beschaffung einer Wohnung. [2]Zur Durchführung der erforderlichen Maßnahmen ist in geeigneten Fällen ein Gesamtplan zu erstellen.

(2) [1]Die Leistung wird ohne Rücksicht auf Einkommen und Vermögen erbracht, soweit im Einzelfall Dienstleistungen erforderlich sind. [2]Einkommen und Vermögen der in § 19 Abs. 3 genannten Personen ist nicht zu berücksichtigen und von der Inanspruchnahme nach bürgerlichem Recht Unterhaltspflichtiger abzusehen, soweit dies den Erfolg der Hilfe gefährden würde.

(3) Die Träger der Sozialhilfe sollen mit den Vereinigungen, die sich die gleichen Aufgaben zum Ziel gesetzt haben, und mit den sonst beteiligten Stellen zusammenarbeiten und darauf hinwirken, dass sich die Sozialhilfe und die Tätigkeit dieser Vereinigungen und Stellen wirksam ergänzen.

§ 69 Verordnungsermächtigung

Das Bundesministerium für Arbeit und Soziales kann durch Rechtsverordnung mit Zustimmung des Bundesrates Bestimmungen über die Abgrenzung des Personenkreises nach § 67 sowie über Art und Umfang der Maßnahmen nach § 68 Abs. 1 erlassen.

Neuntes Kapitel
Hilfe in anderen Lebenslagen

§ 70 Hilfe zur Weiterführung des Haushalts

(1) [1]Personen mit eigenem Haushalt sollen Leistungen zur Weiterführung des Haushalts erhalten, wenn keiner der Haushaltsangehörigen den Haushalt führen kann und die Weiterführung des Haushalts geboten ist. [2]Die

Leistungen sollen in der Regel nur vorübergehend erbracht werden. ³Satz 2 gilt nicht, wenn durch die Leistungen die Unterbringung in einer stationären Einrichtung vermieden oder aufgeschoben werden kann.

(2) Die Leistungen umfassen die persönliche Betreuung von Haushaltsangehörigen sowie die sonstige zur Weiterführung des Haushalts erforderliche Tätigkeit.

(3) § 65 Abs. 1 findet entsprechende Anwendung.

(4) Die Leistungen können auch durch Übernahme der angemessenen Kosten für eine vorübergehende anderweitige Unterbringung von Haushaltsangehörigen erbracht werden, wenn diese Unterbringung in besonderen Fällen neben oder statt der Weiterführung des Haushalts geboten ist.

§ 71 Altenhilfe

(1) ¹Alten Menschen soll außer den Leistungen nach den übrigen Bestimmungen dieses Buches Altenhilfe gewährt werden. ²Die Altenhilfe soll dazu beitragen, Schwierigkeiten, die durch das Alter entstehen, zu verhüten, zu überwinden oder zu mildern und alten Menschen die Möglichkeit zu erhalten, am Leben in der Gemeinschaft teilzunehmen.

(2) Als Leistungen der Altenhilfe kommen insbesondere in Betracht:

1. Leistungen zu einer Betätigung und zum gesellschaftlichen Engagement, wenn sie vom alten Menschen gewünscht wird,

2. Leistungen bei der Beschaffung und zur Erhaltung einer Wohnung, die den Bedürfnissen des alten Menschen entspricht,

3. Beratung und Unterstützung in allen Fragen der Aufnahme in eine Einrichtung, die der Betreuung alter Menschen dient, insbesondere bei der Beschaffung eines geeigneten Heimplatzes,

4. Beratung und Unterstützung in allen Fragen der Inanspruchnahme altersgerechter Dienste,

5. Leistungen zum Besuch von Veranstaltungen oder Einrichtungen, die der Geselligkeit, der Unterhaltung, der Bildung oder den kulturellen Bedürfnissen alter Menschen dienen,

6. Leistungen, die alten Menschen die Verbindung mit nahe stehenden Personen ermöglichen.

(3) Leistungen nach Absatz 1 sollen auch erbracht werden, wenn sie der Vorbereitung auf das Alter dienen.

(4) Altenhilfe soll ohne Rücksicht auf vorhandenes Einkommen oder Vermögen geleistet werden, soweit im Einzelfall Beratung und Unterstützung erforderlich sind.

§ 72 Blindenhilfe

(1) ¹Blinden Menschen wird zum Ausgleich der durch die Blindheit bedingten Mehraufwendungen Blindenhilfe gewährt, soweit sie keine gleichartigen Leistungen nach anderen Rechtsvorschriften erhalten. ²Auf die Blindenhilfe sind Leistungen bei häuslicher Pflege nach dem Elften Buch, auch soweit es sich um Sachleistungen handelt, mit 70 vom Hundert des Pflegegeldes der Pflegestufe I und bei Pflegebedürftigen der Pflegestufen II und III mit 50 vom Hundert des Pflegegeldes der Pflegestufe II, höchstens jedoch mit 50 vom Hundert des Betrages nach Absatz 2, anzurechnen. ³Satz 2 gilt sinngemäß für Leistungen nach dem Elften Buch aus einer privaten Pflegeversicherung und nach beamtenrechtlichen Vorschriften. ⁴§ 39a ist entsprechend anzuwenden.

(2) ¹Die Blindenhilfe beträgt bis 30. Juni 2004 für blinde Menschen nach Vollendung des 18. Lebensjahres 585 Euro monatlich, für blinde Menschen, die das 18. Lebensjahr noch nicht vollendet haben, beträgt sie 293 Euro monatlich. ²Sie verändert sich jeweils zu dem Zeitpunkt und im Umfang, wie sich der aktuelle Rentenwert in der gesetzlichen Rentenversicherung verändert.

(3) ¹Lebt der blinde Mensch in einer stationären Einrichtung und werden die Kosten des Aufenthalts ganz oder teilweise aus Mitteln öffentlich-rechtlicher Leistungsträger getragen, so verringert sich die Blindenhilfe nach Absatz 2 um die aus diesen Mitteln getragenen Kosten, höchstens jedoch um 50 vom Hundert der Beträge nach Absatz 2. ²Satz 1 gilt vom ersten Tage des zweiten Monats an, der auf den Eintritt in die Einrichtung folgt, für jeden vollen Kalendermonat des Aufent-

halts in der Einrichtung. [3]Für jeden vollen Tag vorübergehender Abwesenheit von der Einrichtung wird die Blindenhilfe in Höhe von je einem Dreißigstel des Betrages nach Absatz 2 gewährt, wenn die vorübergehende Abwesenheit länger als sechs volle zusammenhängende Tage dauert; der Betrag nach Satz 1 wird im gleichen Verhältnis gekürzt.

(4) [1]Neben der Blindenhilfe wird Hilfe zur Pflege wegen Blindheit (§§ 61 und 63) außerhalb von stationären Einrichtungen sowie ein Barbetrag (§ 27b Absatz 2) nicht gewährt. [2]Neben Absatz 1 ist § 30 Abs. 1 Nr. 2 nur anzuwenden, wenn der blinde Mensch nicht allein wegen Blindheit voll erwerbsgemindert ist. [3]Die Sätze 1 und 2 gelten entsprechend für blinde Menschen, die nicht Blindenhilfe, sondern gleichartige Leistungen nach anderen Rechtsvorschriften erhalten.

(5) Blinden Menschen stehen Personen gleich, deren beidäugige Gesamtsehschärfe nicht mehr als ein Fünfzigstel beträgt oder bei denen dem Schweregrad dieser Sehschärfe gleichzuachtende, nicht nur vorübergehende Störungen des Sehvermögens vorliegen.

§ 73 Hilfe in sonstigen Lebenslagen

[1]Leistungen können auch in sonstigen Lebenslagen erbracht werden, wenn sie den Einsatz öffentlicher Mittel rechtfertigen. [2]Geldleistungen können als Beihilfe oder als Darlehen erbracht werden.

§ 74 Bestattungskosten

Die erforderlichen Kosten einer Bestattung werden übernommen, soweit den hierzu Verpflichteten nicht zugemutet werden kann, die Kosten zu tragen.

Zehntes Kapitel
Einrichtungen

§ 75 Einrichtungen und Dienste

(1) [1]Einrichtungen sind stationäre und teilstationäre Einrichtungen im Sinne des § 13. [2]Die §§ 75 bis 80 finden auch für Dienste Anwendung, soweit nichts Abweichendes bestimmt ist.

(2) [1]Zur Erfüllung der Aufgaben der Sozialhilfe sollen die Träger der Sozialhilfe eigene Einrichtungen nicht neu schaffen, soweit geeignete Einrichtungen anderer Träger vorhanden sind, ausgebaut oder geschaffen werden können. [2]Vereinbarungen nach Absatz 3 sind nur mit Trägern von Einrichtungen abzuschließen, die insbesondere unter Berücksichtigung ihrer Leistungsfähigkeit und der Sicherstellung der Grundsätze des § 9 Abs. 1 zur Erbringung der Leistungen geeignet sind. [3]Sind Einrichtungen vorhanden, die in gleichem Maße geeignet sind, hat der Träger der Sozialhilfe Vereinbarungen vorrangig mit Trägern abzuschließen, deren Vergütung bei vergleichbarem Inhalt, Umfang und Qualität der Leistung nicht höher ist als die anderen Träger.

(3) [1]Wird die Leistung von einer Einrichtung erbracht, ist der Träger der Sozialhilfe zur Übernahme der Vergütung für die Leistung nur verpflichtet, wenn mit dem Träger der Einrichtung oder seinem Verband eine Vereinbarung über

1. Inhalt, Umfang und Qualität der Leistungen (Leistungsvereinbarung),
2. die Vergütung, die sich aus Pauschalen und Beträgen für einzelne Leistungsbereiche zusammensetzt (Vergütungsvereinbarung) und
3. die Prüfung der Wirtschaftlichkeit und Qualität der Leistungen (Prüfungsvereinbarung)

besteht. [2]Die Vereinbarungen müssen den Grundsätzen der Wirtschaftlichkeit, Sparsamkeit und Leistungsfähigkeit entsprechen. [3]Der Träger der Sozialhilfe kann die Wirtschaftlichkeit und Qualität der Leistung prüfen.

(4) [1]Ist eine der in Absatz 3 genannten Vereinbarungen nicht abgeschlossen, darf der Träger der Sozialhilfe Leistungen durch diese Einrichtung nur erbringen, wenn dies nach der Besonderheit des Einzelfalls geboten ist. [2]Hierzu hat der Träger der Einrichtung ein Leistungsangebot vorzulegen, das die Voraussetzung des § 76 erfüllt, und sich schriftlich zu verpflichten, Leistungen entsprechend diesem Angebot zu erbringen. [3]Vergütungen dürfen nur bis zu der Höhe übernommen werden, wie sie der Träger der Sozialhilfe am Ort der Unterbringung oder in seiner nächsten

3

Umgebung für vergleichbare Leistungen nach den nach Absatz 3 abgeschlossenen Vereinbarungen mit anderen Einrichtungen trägt. [4]Für die Prüfung der Wirtschaftlichkeit und Qualität der Leistungen gelten die Vereinbarungsinhalte des Trägers der Sozialhilfe mit vergleichbaren Einrichtungen entsprechend. [5]Der Träger der Sozialhilfe hat die Einrichtung über Inhalt und Umfang dieser Prüfung zu unterrichten. Absatz 5 gilt entsprechend.

(5) [1]Bei zugelassenen Pflegeeinrichtungen im Sinne des § 72 des Elften Buches richten sich Art, Inhalt, Umfang und Vergütung der ambulanten und teilstationären Pflegeleistungen sowie der Leistungen der Kurzzeitpflege und der vollstationären Pflegeleistungen sowie der Leistungen bei Unterkunft und Verpflegung und der Zusatzleistungen in Pflegeheimen nach den Vorschriften des Achten Kapitels des Elften Buches, soweit nicht nach § 61 weitergehende Leistungen zu erbringen sind. [2]Satz 1 gilt nicht, soweit Vereinbarungen nach dem Achten Kapitel des Elften Buches nicht im Einvernehmen mit dem Träger der Sozialhilfe getroffen worden sind. [3]Der Träger der Sozialhilfe ist zur Übernahme gesondert berechneter Investitionskosten nach § 82 Abs. 4 des Elften Buches nur verpflichtet, wenn hierüber entsprechende Vereinbarungen nach dem Zehnten Kapitel getroffen worden sind.

§ 76 Inhalt der Vereinbarungen

(1) [1]Die Vereinbarung über die Leistung muss die wesentlichen Leistungsmerkmale festlegen, mindestens jedoch die betriebsnotwendigen Anlagen der Einrichtung, den von ihr zu betreuenden Personenkreis, Art, Ziel und Qualität der Leistung, Qualifikation des Personals sowie die erforderliche sächliche und personelle Ausstattung. [2]In die Vereinbarung ist die Verpflichtung der Einrichtung aufzunehmen, im Rahmen des vereinbarten Leistungsangebotes Leistungsberechtigte aufzunehmen und zu betreuen. [3]Die Leistungen müssen ausreichend, zweckmäßig und wirtschaftlich sein und dürfen das Maß des Notwendigen nicht überschreiten.

(2) [1]Vergütungen für die Leistungen nach Absatz 1 bestehen mindestens aus den Pauscha-

len für Unterkunft und Verpflegung (Grundpauschale) und für die Maßnahmen (Maßnahmepauschale) sowie aus einem Betrag für betriebsnotwendige Anlagen einschließlich ihrer Ausstattung (Investitionsbetrag). [2]Förderungen aus öffentlichen Mitteln sind anzurechnen. [3]Die Maßnahmepauschale kann nach Gruppen für Leistungsberechtigte mit vergleichbarem Bedarf kalkuliert werden. [4]Einer verlangten Erhöhung der Vergütung auf Grund von Investitionsmaßnahmen braucht der Träger der Sozialhilfe nur zuzustimmen, wenn er der Maßnahme zuvor zugestimmt hat.

(3) [1]Die Träger der Sozialhilfe vereinbaren mit dem Träger der Einrichtung Grundsätze und Maßstäbe für die Wirtschaftlichkeit und die Qualitätssicherung der Leistungen sowie für den Inhalt und das Verfahren zur Durchführung von Wirtschaftlichkeits- und Qualitätsprüfungen. [2]Das Ergebnis der Prüfung ist festzuhalten und in geeigneter Form auch den Leistungsberechtigten der Einrichtung zugänglich zu machen. [3]Die Träger der Sozialhilfe haben mit den nach heimrechtlichen Vorschriften zuständigen Aufsichtsbehörden und dem Medizinischen Dienst der Krankenversicherung zusammenzuarbeiten, um Doppelprüfungen möglichst zu vermeiden.

§ 77 Abschluss von Vereinbarungen

(1) [1]Die Vereinbarungen nach § 75 Abs. 3 sind vor Beginn der jeweiligen Wirtschaftsperiode für einen zukünftigen Zeitraum (Vereinbarungszeitraum) abzuschließen; nachträgliche Ausgleiche sind nicht zulässig. [2]Vertragspartei der Vereinbarungen sind der Träger der Einrichtung und der für den Sitz der Einrichtung zuständige Träger der Sozialhilfe; die Vereinbarungen sind für alle übrigen Träger der Sozialhilfe bindend. [3]Kommt eine Vereinbarung nach § 76 Abs. 2 innerhalb von sechs Wochen nicht zustande, nachdem eine Partei schriftlich zu Verhandlungen aufgefordert hat, entscheidet die Schiedsstelle nach § 80 auf Antrag einer Partei unverzüglich über die Gegenstände, über die keine Einigung erreicht werden konnte. [4]Gegen die Entscheidung ist der Rechtsweg zu den Sozialgerichten gegeben. [5]Die Klage richtet sich

gegen eine der beiden Vertragsparteien, nicht gegen die Schiedsstelle. [6]Einer Nachprüfung der Entscheidung in einem Vorverfahren bedarf es nicht.

(2) [1]Vereinbarungen und Schiedsstellenentscheidungen treten zu dem darin bestimmten Zeitpunkt in Kraft. [2]Wird ein Zeitpunkt nicht bestimmt, werden Vereinbarungen mit dem Tag ihres Abschlusses, Festsetzungen der Schiedsstelle mit dem Tag wirksam, an dem der Antrag bei der Schiedsstelle eingegangen ist. [3]Ein jeweils vor diesen Zeitpunkt zurückwirkendes Vereinbaren oder Festsetzen von Vergütungen ist nicht zulässig. [4]Nach Ablauf des Vereinbarungszeitraums gelten die vereinbarten oder festgesetzten Vergütungen bis zum Inkrafttreten neuer Vergütungen weiter.

(3) [1]Bei unvorhersehbaren wesentlichen Veränderungen der Annahmen, die der Vereinbarung oder Entscheidung über die Vergütung zu Grunde lagen, sind die Vergütungen auf Verlangen einer Vertragspartei für den laufenden Vereinbarungszeitraum neu zu verhandeln. [2]Die Absätze 1 und 2 gelten entsprechend.

§ 78 Außerordentliche Kündigung der Vereinbarungen

[1]Ist wegen einer groben Verletzung der gesetzlichen oder vertraglichen Verpflichtungen gegenüber den Leistungsberechtigten und deren Kostenträgern durch die Einrichtung ein Festhalten an den Vereinbarungen nicht zumutbar, kann der Träger der Sozialhilfe die Vereinbarungen nach § 75 Abs. 3 ohne Einhaltung einer Kündigungsfrist kündigen. [2]Das gilt insbesondere dann, wenn in der Prüfung nach § 76 Abs. 3 oder auf andere Weise festgestellt wird, dass Leistungsberechtigte infolge der Pflichtverletzung zu Schaden kommen, gravierende Mängel bei der Leistungserbringung vorhanden sind, dem Träger der Einrichtung nach heimrechtlichen Vorschriften die Betriebserlaubnis entzogen oder der Betrieb der Einrichtung untersagt wird oder die Einrichtung nicht erbrachte Leistungen gegenüber den Kostenträgern abrechnet. [3]Die Kündigung bedarf der Schriftform. [4]§ 59 des Zehnten Buches bleibt unberührt.

§ 79 Rahmenverträge

(1) [1]Die überörtlichen Träger der Sozialhilfe und die kommunalen Spitzenverbände auf Landesebene schließen mit den Vereinigungen der Träger der Einrichtungen auf Landesebene gemeinsam und einheitlich Rahmenverträge zu den Vereinbarungen nach § 75 Abs. 3 und § 76 Abs. 2 über

1. die nähere Abgrenzung der den Vergütungspauschalen und -beträgen nach § 75 Abs. 3 zu Grunde zu legenden Kostenarten und -bestandteile sowie die Zusammensetzung der Investitionsbeträge nach § 76 Abs. 2,

2. den Inhalt und die Kriterien für die Ermittlung und Zusammensetzung der Maßnahmepauschalen, die Merkmale für die Bildung von Gruppen mit vergleichbarem Bedarf nach § 76 Abs. 2 sowie die Zahl dieser zu bildenden Gruppen,

3. die Zuordnung der Kostenarten und -bestandteile nach § 41 des Neunten Buches und

4. den Inhalt und das Verfahren zur Durchführung von Wirtschaftlichkeits- und Qualitätsprüfung nach § 75 Abs. 3

ab. [2]Für Einrichtungen, die einer Kirche oder Religionsgemeinschaft des öffentlichen Rechts oder einem sonstigen freigemeinnützigen Träger zuzuordnen sind, können die Rahmenverträge auch von der Kirche oder Religionsgemeinschaft oder von dem Wohlfahrtsverband abgeschlossen werden, dem die Einrichtung angehört. [3]In den Rahmenverträgen sollen die Merkmale und Besonderheiten der jeweiligen Leistungen nach dem Fünften bis Neunten Kapitel berücksichtigt werden.

(2) Die Bundesarbeitsgemeinschaft der überörtlichen Träger der Sozialhilfe, die Bundesvereinigung der kommunalen Spitzenverbände und die Vereinigungen der Träger der Einrichtungen auf Bundesebene vereinbaren gemeinsam und einheitlich Empfehlungen zum Inhalt der Verträge nach Absatz 1.

§ 80 Schiedsstelle

(1) Für jedes Land oder für Teile eines Landes wird eine Schiedsstelle gebildet.

3

(2) ¹Die Schiedsstelle besteht aus Vertretern der Träger der Einrichtungen und Vertretern der örtlichen und überörtlichen Träger der Sozialhilfe in gleicher Zahl sowie einem unparteiischen Vorsitzenden. ²Die Vertreter der Einrichtungen und deren Stellvertreter werden von den Vereinigungen der Träger der Einrichtungen, die Vertreter der Träger der Sozialhilfe und deren Stellvertreter werden von diesen bestellt. ³Bei der Bestellung der Vertreter der Einrichtungen ist die Trägervielfalt zu beachten. ⁴Der Vorsitzende und sein Stellvertreter werden von den beteiligten Organisationen gemeinsam bestellt. ⁵Kommt eine Einigung nicht zustande, werden sie durch Los bestimmt. ⁶Soweit beteiligte Organisationen keinen Vertreter bestellen oder im Verfahren nach Satz 3 keine Kandidaten für das Amt des Vorsitzenden und des Stellvertreters benennen, bestellt die zuständige Landesbehörde auf Antrag einer der beteiligten Organisationen die Vertreter und benennt die Kandidaten.

(3) ¹Die Mitglieder der Schiedsstelle führen ihr Amt als Ehrenamt. ²Sie sind an Weisungen nicht gebunden. ³Jedes Mitglied hat eine Stimme. ⁴Die Entscheidungen werden mit der Mehrheit der Mitglieder getroffen. ⁵Ergibt sich keine Mehrheit, gibt die Stimme des Vorsitzenden den Ausschlag.

§ 81 Verordnungsermächtigungen

(1) Kommen die Verträge nach § 79 Abs. 1 innerhalb von sechs Monaten nicht zustande, nachdem die Landesregierung schriftlich dazu aufgefordert hat, können die Landesregierungen durch Rechtsverordnung Vorschriften stattdessen erlassen.

(2) Die Landesregierungen werden ermächtigt, durch Rechtsverordnung das Nähere über die Zahl, die Bestellung, die Amtsdauer und Amtsführung, die Erstattung der baren Auslagen und die Entschädigung für Zeitaufwand der Mitglieder der Schiedsstelle nach § 80, die Rechtsaufsicht, die Geschäftsführung, das Verfahren, die Erhebung und die Höhe der Gebühren sowie über die Verteilung der Kosten zu bestimmen.

Elftes Kapitel
Einsatz des Einkommens und des Vermögens

Erster Abschnitt
Einkommen

§ 82 Begriff des Einkommens

(1) ¹Zum Einkommen gehören alle Einkünfte in Geld oder Geldeswert mit Ausnahme der Leistungen nach diesem Buch, der Grundrente nach dem Bundesversorgungsgesetz und nach den Gesetzen, die eine entsprechende Anwendung des Bundesversorgungsgesetzes vorsehen und der Renten oder Beihilfen nach dem Bundesentschädigungsgesetz für Schaden an Leben sowie an Körper oder Gesundheit, bis zur Höhe der vergleichbaren Grundrente nach dem Bundesversorgungsgesetz. ²Einkünfte aus Rückerstattungen, die auf Vorauszahlungen beruhen, die Leistungsberechtigte aus dem Regelsatz erbracht haben, sind kein Einkommen.

³Bei Minderjährigen ist das Kindergeld dem jeweiligen Kind als Einkommen zuzurechnen, soweit es zur Deckung des notwendigen Lebensunterhaltes, mit Ausnahme der Bedarfe nach § 34, benötigt wird.

(2) Von dem Einkommen sind abzusetzen

1. auf das Einkommen entrichtete Steuern,

2. Pflichtbeiträge zur Sozialversicherung einschließlich der Beiträge zur Arbeitsförderung,

3. Beiträge zu öffentlichen oder privaten Versicherungen oder ähnlichen Einrichtungen, soweit diese Beiträge gesetzlich vorgeschrieben oder nach Grund und Höhe angemessen sind, sowie geförderte Altersvorsorgebeiträge nach § 82 des Einkommensteuergesetzes, soweit sie den Mindesteigenbetrag nach § 86 des Einkommensteuergesetzes nicht überschreiten,

4. die mit der Erzielung des Einkommens verbundenen notwendigen Ausgaben,

5. das Arbeitsförderungsgeld und Erhöhungsbeiträge des Arbeitsentgelts im Sinne von § 43 Satz 4 des Neunten Buches.

(3) ¹Bei der Hilfe zum Lebensunterhalt und Grundsicherung im Alter und bei Erwerbsminderung ist ferner ein Betrag in Höhe von

30 vom Hundert des Einkommens aus selbständiger und nichtselbständiger Tätigkeit der Leistungsberechtigten abzusetzen, höchstens jedoch 50 vom Hundert der Regelbedarfsstufe 1 nach der Anlage zu § 28. [2]Abweichend von Satz 1 ist bei einer Beschäftigung in einer Werkstatt für behinderte Menschen von dem Entgelt ein Achtel der Regelbedarfsstufe 1 nach der Anlage zu § 28 zuzüglich 25 vom Hundert des diesen Betrag übersteigenden Entgelts abzusetzen. [3]Im Übrigen kann in begründeten Fällen ein anderer als in Satz 1 festgelegter Betrag vom Einkommen abgesetzt werden. [4]Erhält eine leistungsberechtigte Person mindestens aus einer Tätigkeit Bezüge oder Einnahmen, die nach § 3 Nummer 12, 26, 26a oder 26b des Einkommensteuergesetzes steuerfrei sind, ist abweichend von den Sätzen 1 und 2 ein Betrag von bis zu 175 Euro monatlich nicht als Einkommen zu berücksichtigen.

§ 83 Nach Zweck und Inhalt bestimmte Leistungen

(1) Leistungen, die auf Grund öffentlich-rechtlicher Vorschriften zu einem ausdrücklich genannten Zweck erbracht werden, sind nur so weit als Einkommen zu berücksichtigen, als die Sozialhilfe im Einzelfall demselben Zweck dient.

(2) Eine Entschädigung, die wegen eines Schadens, der nicht Vermögensschaden ist, nach § 253 Abs. 2 des Bürgerlichen Gesetzbuches geleistet wird, ist nicht als Einkommen zu berücksichtigen.

§ 84 Zuwendungen

(1) [1]Zuwendungen der freien Wohlfahrtspflege bleiben als Einkommen außer Betracht. [2]Dies gilt nicht, soweit die Zuwendung die Lage der Leistungsberechtigten so günstig beeinflusst, dass daneben Sozialhilfe ungerechtfertigt wäre.

(2) Zuwendungen, die ein anderer erbringt, ohne hierzu eine rechtliche oder sittliche Pflicht zu haben, sollen als Einkommen außer Betracht bleiben, soweit ihre Berücksichtigung für die Leistungsberechtigten eine besondere Härte bedeuten würde.

Zweiter Abschnitt
Einkommensgrenzen für die Leistungen nach dem Fünften bis Neunten Kapitel

§ 85 Einkommensgrenze

(1) Bei der Hilfe nach dem Fünften bis Neunten Kapitel ist der nachfragenden Person und ihrem nicht getrennt lebenden Ehegatten oder Lebenspartner die Aufbringung der Mittel nicht zuzumuten, wenn während der Dauer des Bedarfs ihr monatliches Einkommen zusammen eine Einkommensgrenze nicht übersteigt, die sich ergibt aus

1. einem Grundbetrag in Höhe des Zweifachen der Regelbedarfsstufe 1 nach der Anlage zu § 28,

2. den Kosten der Unterkunft, soweit die Aufwendungen hierfür den der Besonderheit des Einzelfalles angemessenen Umfang nicht übersteigen und

3. einem Familienzuschlag in Höhe des auf volle Euro aufgerundeten Betrages von 70 vom Hundert der Regelbedarfsstufe 1 nach der Anlage zu § 28 für den nicht getrennt lebenden Ehegatten oder Lebenspartner und für jede Person, die von der nachfragenden Person, ihrem nicht getrennt lebenden Ehegatten oder Lebenspartner überwiegend unterhalten worden ist oder für die sie nach der Entscheidung über die Erbringung der Sozialhilfe unterhaltspflichtig werden.

(2) [1]Ist die nachfragende Person minderjährig und unverheiratet, so ist ihr und ihren Eltern die Aufbringung der Mittel nicht zuzumuten, wenn während der Dauer des Bedarfs das monatliche Einkommen der nachfragenden Person und ihrer Eltern zusammen eine Einkommensgrenze nicht übersteigt, die sich ergibt aus

1. einem Grundbetrag in Höhe des Zweifachen der Regelbedarfsstufe 1 nach der Anlage zu § 28,

2. den Kosten der Unterkunft, soweit die Aufwendungen hierfür den der Besonderheit des Einzelfalles angemessenen Umfang nicht übersteigen und

3. einem Familienzuschlag in Höhe des auf volle Euro aufgerundeten Betrages von 70 vom Hundert der Regelbedarfsstufe 1

nach der Anlage zu § 28 für einen Elternteil, wenn die Eltern zusammenleben, sowie für die nachfragende Person und für jede Person, die von den Eltern oder der nachfragenden Person überwiegend unterhalten worden ist oder für die sie nach der Entscheidung über die Erbringung der Sozialhilfe unterhaltspflichtig werden.

[2]Leben die Eltern nicht zusammen, richtet sich die Einkommensgrenze nach dem Elternteil, bei dem die nachfragende Person lebt. [3]Lebt sie bei keinem Elternteil, bestimmt sich die Einkommensgrenze nach Absatz 1.

(3) [1]Die maßgebende Regelbedarfsstufe 1 nach der Anlage zu § 28 bestimmt sich nach dem Ort, an dem die Leistungsberechtigte die Leistung erhält. [2]Bei der Leistung in einer Einrichtung sowie bei Unterbringung in einer anderen Familie oder bei den in § 107 genannten anderen Personen bestimmt er sich nach dem gewöhnlichen Aufenthalt des Leistungsberechtigten oder, wenn im Falle des Absatzes 2 auch das Einkommen seiner Eltern oder eines Elternteils maßgebend ist, nach deren gewöhnlichen Aufenthalt. [3]Ist ein gewöhnlicher Aufenthalt im Inland nicht vorhanden oder nicht zu ermitteln, ist Satz 1 anzuwenden.

§ 86 Abweichender Grundbetrag

Die Länder und, soweit landesrechtliche Vorschriften nicht entgegenstehen, auch die Träger der Sozialhilfe können für bestimmte Arten der Hilfe nach dem Fünften bis Neunten Kapitel der Einkommensgrenze einen höheren Grundbetrag zu Grunde legen.

§ 87 Einsatz des Einkommens über der Einkommensgrenze

(1) [1]Soweit das zu berücksichtigende Einkommen die Einkommensgrenze übersteigt, ist die Aufbringung der Mittel in angemessenem Umfang zuzumuten. [2]Bei der Prüfung, welcher Umfang angemessen ist, sind insbesondere die Art des Bedarfs, die Art oder Schwere der Behinderung oder der Pflegebedürftigkeit, die Dauer und Höhe der erforderlichen Aufwendungen sowie besondere Belastungen der nachfragenden Person und ihrer unterhaltsberechtigten Angehörigen zu berücksichtigen. [3]Bei schwerstpflegebedürftigen Menschen nach § 64 Abs. 3 und blinden Menschen nach § 72 ist ein Einsatz des Einkommens über der Einkommensgrenze in Höhe von mindestens 60 vom Hundert nicht zuzumuten.

(2) Verliert die nachfragende Person durch den Eintritt eines Bedarfsfalles ihr Einkommen ganz oder teilweise und ist ihr Bedarf nur von kurzer Dauer, so kann die Aufbringung der Mittel auch aus dem Einkommen verlangt werden, das sie innerhalb eines angemessenen Zeitraumes nach dem Wegfall des Bedarfs erwirbt und das die Einkommensgrenze übersteigt, jedoch nur insoweit, als ihr ohne den Verlust des Einkommens die Aufbringung der Mittel zuzumuten gewesen wäre.

(3) Bei einmaligen Leistungen zur Beschaffung von Bedarfsgegenständen, deren Gebrauch für mindestens ein Jahr bestimmt ist, kann die Aufbringung der Mittel nach Maßgabe des Absatzes 1 auch aus dem Einkommen verlangt werden, das die in § 19 Abs. 3 genannten Personen innerhalb eines Zeitraumes von bis zu drei Monaten nach Ablauf des Monats, in dem über die Leistung entschieden worden ist, erwerben.

§ 88 Einsatz des Einkommens unter der Einkommensgrenze

(1) [1]Die Aufbringung der Mittel kann, auch soweit das Einkommen unter der Einkommensgrenze liegt, verlangt werden,

1. soweit von einem anderen Leistungen für einen besonderen Zweck erbracht werden, für den sonst Sozialhilfe zu leisten wäre,

2. wenn zur Deckung des Bedarfs nur geringfügige Mittel erforderlich sind.

[2]Darüber hinaus soll in angemessenem Umfang die Aufbringung der Mittel verlangt werden, wenn eine Person für voraussichtlich längere Zeit Leistungen in einer stationären Einrichtung bedarf.

(2) [1]Bei einer stationären Leistung in einer stationären Einrichtung wird von dem Einkommen, das der Leistungsberechtigte aus einer entgeltlichen Beschäftigung erzielt, die Aufbringung der Mittel in Höhe von einem Achtel der Regelbedarfsstufe 1 nach der An-

lage zu § 28 zuzüglich 25 vom Hundert des diesen Betrag übersteigenden Einkommens aus der Beschäftigung nicht verlangt. [2]§ 82 Abs. 3 ist nicht anzuwenden.

§ 89 Einsatz des Einkommens bei mehrfachem Bedarf

(1) Wird im Einzelfall der Einsatz eines Teils des Einkommens zur Deckung eines bestimmten Bedarfs zugemutet oder verlangt, darf dieser Teil des Einkommens bei der Prüfung, inwieweit der Einsatz des Einkommens für einen anderen gleichzeitig bestehenden Bedarf zuzumuten ist oder verlangt werden kann, nicht berücksichtigt werden.

(2) [1]Sind im Fall des Absatzes 1 für die Bedarfsfälle verschiedene Träger der Sozialhilfe zuständig, hat die Entscheidung über die Leistung für den zuerst eingetretenen Bedarf den Vorrang. [2]Treten die Bedarfsfälle gleichzeitig ein, ist das über der Einkommensgrenze liegende Einkommen zu gleichen Teilen bei den Bedarfsfällen zu berücksichtigen.

Dritter Abschnitt
Vermögen

§ 90 Einzusetzendes Vermögen

(1) Einzusetzen ist das gesamte verwertbare Vermögen.

(2) Die Sozialhilfe darf nicht abhängig gemacht werden vom Einsatz oder von der Verwertung

1. eines Vermögens, das aus öffentlichen Mitteln zum Aufbau oder zur Sicherung einer Lebensgrundlage oder zur Gründung eines Hausstandes erbracht wird,

2. eines Kapitals einschließlich seiner Erträge, das der zusätzlichen Altersvorsorge im Sinne des § 10a oder des Abschnitts XI des Einkommensteuergesetzes dient und dessen Ansammlung staatlich gefördert wurde,

3. eines sonstigen Vermögens, solange es nachweislich zur baldigen Beschaffung oder Erhaltung eines Hausgrundstücks im Sinne der Nummer 8 bestimmt ist, soweit dieses Wohnzwecken behinderter (§ 53 Abs. 1 Satz 1 und § 72) oder pflegebedürftiger Menschen (§ 61) dient oder dienen

soll und dieser Zweck durch den Einsatz oder die Verwertung des Vermögens gefährdet würde,

4. eines angemessenen Hausrats; dabei sind die bisherigen Lebensverhältnisse der nachfragenden Person zu berücksichtigen,

5. von Gegenständen, die zur Aufnahme oder Fortsetzung der Berufsausbildung oder der Erwerbstätigkeit unentbehrlich sind,

6. von Familien- und Erbstücken, deren Veräußerung für die nachfragende Person oder ihre Familie eine besondere Härte bedeuten würde,

7. von Gegenständen, die zur Befriedigung geistiger, insbesondere wissenschaftlicher oder künstlerischer Bedürfnisse dienen und deren Besitz nicht Luxus ist,

8. eines angemessenen Hausgrundstücks, das von der nachfragenden Person oder einer anderen in den § 19 Abs. 1 bis 3 genannten Person allein oder zusammen mit Angehörigen ganz oder teilweise bewohnt wird und nach ihrem Tod von ihren Angehörigen bewohnt werden soll. Die Angemessenheit bestimmt sich nach der Zahl der Bewohner, dem Wohnbedarf (zum Beispiel behinderter, blinder oder pflegebedürftiger Menschen), der Grundstücksgröße, der Hausgröße, dem Zuschnitt und der Ausstattung des Wohngebäudes sowie dem Wert des Grundstücks einschließlich des Wohngebäudes,

9. kleinerer Barbeträge oder sonstiger Geldwerte; dabei ist eine besondere Notlage der nachfragenden Person zu berücksichtigen.

(3) [1]Die Sozialhilfe darf ferner nicht vom Einsatz oder von der Verwertung eines Vermögens abhängig gemacht werden, soweit dies für den, der das Vermögen einzusetzen hat, und für seine unterhaltsberechtigten Angehörigen eine Härte bedeuten würde. [2]Dies ist bei der Leistung nach dem Fünften bis Neunten Kapitel insbesondere der Fall, soweit eine angemessene Lebensführung oder die Aufrechterhaltung einer angemessenen Alterssicherung wesentlich erschwert würde.

§ 91 Darlehen

[1]Soweit nach § 90 für den Bedarf der nachfragenden Person Vermögen einzusetzen ist, jedoch der sofortige Verbrauch oder die sofortige Verwertung des Vermögens nicht möglich ist oder für die, die es einzusetzen hat, eine Härte bedeuten würde, soll die Sozialhilfe als Darlehen geleistet werden. [2]Die Leistungserbringung kann davon abhängig gemacht werden, dass der Anspruch auf Rückzahlung dinglich oder in anderer Weise gesichert wird.

Vierter Abschnitt
Einschränkung der Anrechnung

§ 92 Anrechnung bei behinderten Menschen

(1) [1]Erfordert die Behinderung Leistungen für eine stationäre Einrichtung, für eine Tageseinrichtung für behinderte Menschen oder für ärztliche oder ärztlich verordnete Maßnahmen, sind die Leistungen hierfür auch dann in vollem Umfang zu erbringen, wenn den in § 19 Abs. 3 genannten Personen die Aufbringung der Mittel zu einem Teil zuzumuten ist. [2]In Höhe dieses Teils haben sie zu den Kosten der erbrachten Leistungen beizutragen; mehrere Verpflichtete haften als Gesamtschuldner.

(2) [1]Den in § 19 Abs. 3 genannten Personen ist die Aufbringung der Mittel nur für die Kosten des Lebensunterhalts zuzumuten

1. bei heilpädagogischen Maßnahmen für Kinder, die noch nicht eingeschult sind,

2. bei der Hilfe zu einer angemessenen Schulbildung einschließlich der Vorbereitung hierzu,

3. bei der Hilfe, die dem behinderten noch nicht eingeschulten Menschen die für ihn erreichbare Teilnahme am Leben in der Gemeinschaft ermöglichen soll,

4. bei der Hilfe zur schulischen Ausbildung für einen angemessenen Beruf oder zur Ausbildung für eine sonstige angemessene Tätigkeit, wenn die hierzu erforderlichen Leistungen in besonderen Einrichtungen für behinderte Menschen erbracht werden,

5. bei Leistungen zur medizinischen Rehabilitation (§ 26 des Neunten Buches),

6. bei Leistungen zur Teilhabe am Arbeitsleben (§ 33 des Neunten Buches),

7. bei Leistungen in anerkannten Werkstätten für behinderte Menschen nach § 41 des Neunten Buches und in vergleichbaren sonstigen Beschäftigungsstätten (§ 56),

8. bei Hilfen zum Erwerb praktischer Kenntnisse und Fähigkeiten, die erforderlich und geeignet sind, behinderten Menschen die für sie erreichbare Teilhabe am Arbeitsleben zu ermöglichen, soweit diese Hilfen in besonderen teilstationären Einrichtungen für behinderte Menschen erbracht werden.

[2]Die in Satz 1 genannten Leistungen sind ohne Berücksichtigung von vorhandenem Vermögen zu erbringen. [3]Die Kosten des in einer Einrichtung erbrachten Lebensunterhalts sind in den Fällen der Nummern 1 bis 6 nur in Höhe der für den häuslichen Lebensunterhalt ersparten Aufwendungen anzusetzen; dies gilt nicht für den Zeitraum, in dem gleichzeitig mit den Leistungen nach Satz 1 in der Einrichtung durchgeführte andere Leistungen überwiegen. [4]Die Aufbringung der Mittel nach Satz 1 Nr. 7 und 8 ist aus dem Einkommen nicht zumutbar, wenn das Einkommen des behinderten Menschen insgesamt einen Betrag in Höhe des Zweifachen der Regelbedarfsstufe 1 nach der Anlage zu § 28 nicht übersteigt. [5]Die zuständigen Landesbehörden können Näheres über die Bemessung der für den häuslichen Lebensbedarf ersparten Aufwendungen und des Kostenbeitrags für das Mittagessen bestimmen. [6]Zum Ersatz der Kosten nach den §§ 103 und 104 ist insbesondere verpflichtet, wer sich in den Fällen der Nummern 5 und 6 vorsätzlich oder grob fahrlässig nicht oder nicht ausreichend versichert hat.

(3) [1]Hat ein anderer als ein nach bürgerlichem Recht Unterhaltspflichtiger nach sonstigen Vorschriften Leistungen für denselben Zweck zu erbringen, dem die in Absatz 2 genannten Leistungen dienen, wird seine Verpflichtung durch Absatz 2 nicht berührt. [2]Soweit er solche Leistungen erbringt, kann abweichend von Absatz 2 von den in § 19 Abs. 3 genannten Personen die Aufbringung der Mittel verlangt werden.

§ 92a Einkommenseinsatz bei Leistungen für Einrichtungen

(1) Erhält eine Person in einer teilstationären oder stationären Einrichtung Leistungen, kann die Aufbringung der Mittel für die Leistungen in der Einrichtung nach dem Dritten und Vierten Kapitel von ihr und ihrem nicht getrennt lebenden Ehegatten oder Lebenspartner aus dem gemeinsamen Einkommen verlangt werden, soweit Aufwendungen für den häuslichen Lebensunterhalt erspart werden.

(2) Darüber hinaus soll in angemessenem Umfang die Aufbringung der Mittel verlangt werden, wenn eine Person auf voraussichtlich längere Zeit Leistungen in einer stationären Einrichtung bedarf.

(3) Bei der Prüfung, welcher Umfang angemessen ist, ist auch der bisherigen Lebenssituation des im Haushalt verbliebenen, nicht getrennt lebenden Ehegatten oder Lebenspartners sowie der im Haushalt lebenden minderjährigen unverheirateten Kinder Rechnung zu tragen.

(4) § 92 Abs. 2 bleibt unberührt.

Fünfter Abschnitt
Verpflichtungen anderer

§ 93 Übergang von Ansprüchen

(1) [1]Hat eine leistungsberechtigte Person oder haben bei Gewährung von Hilfen nach dem Fünften bis Neunten Kapitel auch ihre Eltern, ihr nicht getrennt lebender Ehegatte oder ihr Lebenspartner für die Zeit, für die Leistungen erbracht werden, einen Anspruch gegen einen anderen, der kein Leistungsträger im Sinne des § 12 des Ersten Buches ist, kann der Träger der Sozialhilfe durch schriftliche Anzeige an den anderen bewirken, dass dieser Anspruch bis zur Höhe seiner Aufwendungen auf ihn übergeht. [2]Er kann den Übergang dieses Anspruchs auch wegen seiner Aufwendungen für diejenigen Leistungen des Dritten und Vierten Kapitels bewirken, die er gleichzeitig mit den Leistungen für die in Satz 1 genannte leistungsberechtigte Person, deren nicht getrennt lebenden Ehegatten oder Lebenspartner und deren minderjährigen unverheirateten Kindern erbringt. [3]Der Übergang

des Anspruchs darf nur insoweit bewirkt werden, als bei rechtzeitiger Leistung des anderen entweder die Leistung nicht erbracht worden wäre oder in den Fällen des § 19 Abs. 5 und des § 92 Abs. 1 Aufwendungsersatz oder ein Kostenbeitrag zu leisten wäre. [4]Der Übergang ist nicht dadurch ausgeschlossen, dass der Anspruch nicht übertragen, verpfändet oder gepfändet werden kann.

(2) [1]Die schriftliche Anzeige bewirkt den Übergang des Anspruchs für die Zeit, für die der leistungsberechtigten Person die Leistung ohne Unterbrechung erbracht wird. [2]Als Unterbrechung gilt ein Zeitraum von mehr als zwei Monaten.

(3) Widerspruch und Anfechtungsklage gegen den Verwaltungsakt, der den Übergang des Anspruchs bewirkt, haben keine aufschiebende Wirkung.

(4) Die §§ 115 und 116 des Zehnten Buches gehen der Regelung des Absatzes 1 vor.

§ 94 Übergang von Ansprüchen gegen einen nach bürgerlichem Recht Unterhaltpflichtigen

(1) [1]Hat die leistungsberechtigte Person für die Zeit, für die Leistungen erbracht werden, nach bürgerlichem Recht einen Unterhaltsanspruch, geht dieser bis zur Höhe der geleisteten Aufwendungen zusammen mit dem unterhaltsrechtlichen Auskunftsanspruch auf den Träger der Sozialhilfe über. [2]Der Übergang des Anspruchs ist ausgeschlossen, soweit der Unterhaltsanspruch durch laufende Zahlung erfüllt wird. [3]Der Übergang des Anspruchs ist auch ausgeschlossen, wenn die unterhaltspflichtige Person zum Personenkreis des § 19 gehört oder die unterhaltspflichtige Person mit der leistungsberechtigten Person vom zweiten Grad an verwandt ist; der Übergang des Anspruchs des Leistungsberechtigten nach dem Vierten Kapitel gegenüber Eltern und Kindern ist ausgeschlossen. [4]Gleiches gilt für Unterhaltsansprüche gegen Verwandte ersten Grades einer Person, die schwanger ist oder ihr leibliches Kind bis zur Vollendung seines sechsten Lebensjahres betreut. [5]§ 93 Abs. 4 gilt entsprechend. [6]Für Leistungsempfänger nach dem Dritten und Vierten Kapitel gilt für den

Übergang des Anspruchs § 105 Abs. 2 entsprechend.

(2) [1]Der Anspruch einer volljährigen unterhaltsberechtigten Person, die behindert im Sinne von § 53 oder pflegebedürftig im Sinne von § 61 ist, gegenüber ihren Eltern wegen Leistungen nach dem Sechsten und Siebten Kapitel geht nur in Höhe von bis zu 26 Euro, wegen Leistungen nach dem Dritten Kapitel nur in Höhe von bis zu 20 Euro monatlich über. [2]Es wird vermutet, dass der Anspruch in Höhe der genannten Beträge übergeht und mehrere Unterhaltspflichtige zu gleichen Teilen haften; die Vermutung kann widerlegt werden. [3]Die in Satz 1 genannten Beträge verändern sich zum gleichen Zeitpunkt und um denselben Vomhundertsatz, um den sich das Kindergeld verändert.

(3) [1]Ansprüche nach Absatz 1 und 2 gehen nicht über, soweit

1. die unterhaltspflichtige Person Leistungsberechtigte nach dem Dritten und Vierten Kapitel ist oder bei Erfüllung des Anspruchs würde oder

2. der Übergang des Anspruchs eine unbillige Härte bedeuten würde.

[2]Der Träger der Sozialhilfe hat die Einschränkung des Übergangs nach Satz 1 zu berücksichtigen, wenn er von ihren Voraussetzungen durch vorgelegte Nachweise oder auf andere Weise Kenntnis hat.

(4) [1]Für die Vergangenheit kann der Träger der Sozialhilfe den übergegangenen Unterhalt außer unter den Voraussetzungen des bürgerlichen Rechts nur von der Zeit an fordern, zu welcher er dem Unterhaltspflichtigen die Erbringung der Leistung schriftlich mitgeteilt hat. [2]Wenn die Leistung voraussichtlich auf längere Zeit erbracht werden muss, kann der Träger der Sozialhilfe bis zur Höhe der bisherigen monatlichen Aufwendungen auch auf künftige Leistungen klagen.

(5) [1]Der Träger der Sozialhilfe kann den auf ihn übergegangenen Unterhaltsanspruch im Einvernehmen mit der leistungsberechtigten Person auf diesen zur gerichtlichen Geltendmachung rückübertragen und sich den geltend gemachten Unterhaltsanspruch abtreten lassen. [2]Kosten, mit denen die leistungs-berechtigte Person dadurch selbst belastet wird, sind zu übernehmen. [3]Über die Ansprüche nach den Absätzen 1 bis 4 ist im Zivilrechtsweg zu entscheiden.

§ 95 Feststellung der Sozialleistungen

[1]Der erstattungsberechtigte Träger der Sozialhilfe kann die Feststellung einer Sozialleistung betreiben sowie Rechtsmittel einlegen. [2]Der Ablauf der Fristen, die ohne sein Verschulden verstrichen sind, wirkt nicht gegen ihn. [3]Satz 2 gilt nicht für die Verfahrensfristen, soweit der Träger der Sozialhilfe das Verfahren selbst betreibt.

Sechster Abschnitt
Verordnungsermächtigungen

§ 96 Verordnungsermächtigungen

(1) Die Bundesregierung kann durch Rechtsverordnung mit Zustimmung des Bundesrates Näheres über die Berechnung des Einkommens nach § 82, insbesondere der Einkünfte aus Land- und Forstwirtschaft, aus Gewerbebetrieb und aus selbständiger Arbeit bestimmen.

(2) Das Bundesministerium für Arbeit und Soziales kann durch Rechtsverordnung mit Zustimmung des Bundesrates die Höhe der Barbeträge oder sonstigen Geldwerte im Sinne des § 90 Abs. 2 Nr. 9 bestimmen.

Zwölftes Kapitel
Zuständigkeit der Träger der Sozialhilfe

Erster Abschnitt
Sachliche und örtliche Zuständigkeit

§ 97 Sachliche Zuständigkeit

(1) Für die Sozialhilfe sachlich zuständig ist der örtliche Träger der Sozialhilfe, soweit nicht der überörtliche Träger sachlich zuständig ist.

(2) [1]Die sachliche Zuständigkeit des überörtlichen Trägers der Sozialhilfe wird nach Landesrecht bestimmt. [2]Dabei soll berücksichtigt werden, dass so weit wie möglich für Leistungen im Sinne von § 8 Nr. 1 bis 6 jeweils

eine einheitliche sachliche Zuständigkeit gegeben ist.

(3) Soweit Landesrecht keine Bestimmung nach Absatz 2 Satz 1 enthält, ist der überörtliche Träger der Sozialhilfe für

1. Leistungen der Eingliederungshilfe für behinderte Menschen nach den §§ 53 bis 60,

2. Leistungen der Hilfe zur Pflege nach den §§ 61 bis 66,

3. Leistungen der Hilfe zur Überwindung besonderer sozialer Schwierigkeiten nach den §§ 67 bis 69,

4. Leistungen der Blindenhilfe nach § 72

sachlich zuständig.

(4) Die sachliche Zuständigkeit für eine stationäre Leistung umfasst auch die sachliche Zuständigkeit für Leistungen, die gleichzeitig nach anderen Kapiteln zu erbringen sind, sowie für eine Leistung nach § 74.

(5) [1]Die überörtlichen Träger sollen, insbesondere bei verbreiteten Krankheiten, zur Weiterentwicklung von Leistungen der Sozialhilfe beitragen. [2]Hierfür können sie die erforderlichen Einrichtungen schaffen oder fördern.

§ 98 Örtliche Zuständigkeit

(1) [1]Für die Sozialhilfe örtlich zuständig ist der Träger der Sozialhilfe, in dessen Bereich sich die Leistungsberechtigten tatsächlich aufhalten. [2]Für Leistungen der Grundsicherung im Alter und bei Erwerbsminderung ist der Träger der Sozialhilfe örtlich zuständig, in dessen Bereich der gewöhnliche Aufenthaltsort des Leistungsberechtigten liegt. [3]Diese Zuständigkeit bleibt bis zur Beendigung der Leistung auch dann bestehen, wenn die Leistung außerhalb seines Bereichs erbracht wird.

(2) [1]Für die stationäre Leistung ist der Träger der Sozialhilfe örtlich zuständig, in dessen Bereich die Leistungsberechtigten ihren gewöhnlichen Aufenthalt im Zeitpunkt der Aufnahme in die Einrichtung haben oder in den zwei Monaten vor der Aufnahme zuletzt gehabt hatten. [2]Waren bei Einsetzen der Sozialhilfe die Leistungsberechtigten aus einer Einrichtung im Sinne des Satzes 1 in eine andere Einrichtung oder von dort in weitere Einrichtungen übergetreten oder tritt nach dem Einsetzen der Leistung ein solcher Fall ein, ist der

gewöhnliche Aufenthalt, der für die erste Einrichtung maßgebend war, entscheidend. [3]Steht innerhalb von vier Wochen nicht fest, ob und wo der gewöhnliche Aufenthalt nach Satz 1 oder 2 begründet worden ist oder ist ein gewöhnlicher Aufenthaltsort nicht vorhanden oder nicht zu ermitteln oder liegt ein Eilfall vor, hat der nach Absatz 1 zuständige Träger der Sozialhilfe über die Leistung unverzüglich zu entscheiden und sie vorläufig zu erbringen. [4]Wird ein Kind in einer Einrichtung im Sinne des Satzes 1 geboren, tritt an die Stelle seines gewöhnlichen Aufenthalts der gewöhnliche Aufenthalt der Mutter.

(3) In den Fällen des § 74 ist der Träger der Sozialhilfe örtlich zuständig, der bis zum Tod der leistungsberechtigten Person Sozialhilfe leistete, in den anderen Fällen der Träger der Sozialhilfe, in dessen Bereich der Sterbeort liegt.

(4) Für Hilfen an Personen, die sich in Einrichtungen zum Vollzug richterlich angeordneter Freiheitsentziehung aufhalten oder aufgehalten haben, gelten die Absätze 1 und 2 sowie die §§ 106 und 109 entsprechend.

(5) [1]Für die Leistungen nach diesem Buch an Personen, die Leistungen nach dem Sechsten bis Achten Kapitel in Formen ambulanter betreuter Wohnmöglichkeiten erhalten, ist der Träger der Sozialhilfe örtlich zuständig, der vor Eintritt in diese Wohnform zuletzt zuständig war oder gewesen wäre. [2]Vor Inkrafttreten dieses Buches begründete Zuständigkeiten bleiben hiervon unberührt.

§ 99 Vorbehalt abweichender Durchführung

(1) Die Länder können bestimmen, dass und inwieweit die Kreise ihnen zugehörige Gemeinden oder Gemeindeverbände zur Durchführung von Aufgaben nach diesem Buch heranziehen und ihnen dabei Weisungen erteilen können; in diesen Fällen erlassen die Kreise den Widerspruchsbescheid nach dem Sozialgerichtsgesetz.

(2) Die Länder können bestimmen, dass und inwieweit die überörtlichen Träger der Sozialhilfe örtliche Träger der Sozialhilfe sowie diesen zugehörige Gemeinden und Gemeindeverbände zur Durchführung von Aufgaben

nach diesem Buch heranziehen und ihnen dabei Weisungen erteilen können; in diesen Fällen erlassen die überörtlichen Träger den Widerspruchsbescheid nach dem Sozialgerichtsgesetz, soweit nicht nach Landesrecht etwas anderes bestimmt wird.

Zweiter Abschnitt
Sonderbestimmungen

§ 100 (weggefallen)

§ 101 Behördenbestimmung und Stadtstaaten-Klausel

(1) Welche Stellen zuständige Behörden sind, bestimmt die Landesregierung, soweit eine landesrechtliche Regelung nicht besteht.

(2) Die Senate der Länder Berlin, Bremen und Hamburg werden ermächtigt, die Vorschriften dieses Buches über die Zuständigkeit von Behörden dem besonderen Verwaltungsaufbau ihrer Länder anzupassen.

Dreizehntes Kapitel
Kosten

Erster Abschnitt
Kostenersatz

§ 102 Kostenersatz durch Erben

(1) [1]Der Erbe der leistungsberechtigten Person oder ihres Ehegatten oder ihres Lebenspartners, falls diese vor der leistungsberechtigten Person sterben, ist vorbehaltlich des Absatzes 5 zum Ersatz der Kosten der Sozialhilfe verpflichtet. [2]Die Ersatzpflicht besteht nur für die Kosten der Sozialhilfe, die innerhalb eines Zeitraumes von zehn Jahren vor dem Erbfall aufgewendet worden sind und die das Dreifache des Grundbetrages nach § 85 Abs. 1 übersteigen. [3]Die Ersatzpflicht des Erben des Ehegatten oder Lebenspartners besteht nur für die Kosten der Sozialhilfe, die während des Getrenntlebens der Ehegatten oder Lebenspartner geleistet worden sind. [4]Ist die leistungsberechtigte Person der Erbe ihres Ehegatten oder Lebenspartners, ist sie zum Ersatz der Kosten nach Satz 1 nicht verpflichtet.

(2) [1]Die Ersatzpflicht des Erben gehört zu den Nachlassverbindlichkeiten. [2]Der Erbe haftet mit dem Wert des im Zeitpunkt des Erbfalles vorhandenen Nachlasses.

(3) Der Anspruch auf Kostenersatz ist nicht geltend zu machen,

1. soweit der Wert des Nachlasses unter dem Dreifachen des Grundbetrages nach § 85 Abs. 1 liegt,

2. soweit der Wert des Nachlasses unter dem Betrag von 15 340 Euro liegt, wenn der Erbe der Ehegatte oder Lebenspartner der leistungsberechtigten Person oder mit dieser verwandt ist und nicht nur vorübergehend bis zum Tod der leistungsberechtigten Person mit dieser in häuslicher Gemeinschaft gelebt und sie gepflegt hat,

3. soweit die Inanspruchnahme des Erben nach der Besonderheit des Einzelfalles eine besondere Härte bedeuten würde.

(4) [1]Der Anspruch auf Kostenersatz erlischt in drei Jahren nach dem Tod der leistungsberechtigten Person, ihres Ehegatten oder ihres Lebenspartners. [2]§ 103 Abs. 3 Satz 2 und 3 gilt entsprechend.

(5) Der Ersatz der Kosten durch die Erben gilt nicht für Leistungen nach dem Vierten Kapitel und für die vor dem 1. Januar 1987 entstandenen Kosten der Tuberkulosehilfe.

§ 103 Kostenersatz bei schuldhaftem Verhalten

(1) [1]Zum Ersatz der Kosten der Sozialhilfe ist verpflichtet, wer nach Vollendung des 18. Lebensjahres für sich oder andere durch vorsätzliches oder grob fahrlässiges Verhalten die Voraussetzungen für die Leistungen der Sozialhilfe herbeigeführt hat. [2]Zum Kostenersatz ist auch verpflichtet, wer als leistungsberechtigte Person oder als deren Vertreter die Rechtswidrigkeit des der Leistung zu Grunde liegenden Verwaltungsaktes kannte oder infolge grober Fahrlässigkeit nicht kannte. [3]Von der Heranziehung zum Kostenersatz kann abgesehen werden, soweit sie eine Härte bedeuten würde.

(2) [1]Eine nach Absatz 1 eingetretene Verpflichtung zum Ersatz der Kosten geht auf

den Erben über. [2]§ 102 Abs. 2 Satz 2 findet Anwendung.

(3) [1]Der Anspruch auf Kostenersatz erlischt in drei Jahren vom Ablauf des Jahres an, in dem die Leistung erbracht worden ist. [2]Für die Hemmung, die Ablaufhemmung, den Neubeginn und die Wirkung der Verjährung gelten die Vorschriften des Bürgerlichen Gesetzbuchs sinngemäß. [3]Der Erhebung der Klage steht der Erlass eines Leistungsbescheides gleich.

(4) [1]Die §§ 44 bis 50 des Zehnten Buches bleiben unberührt. [2]Zum Kostenersatz nach Absatz 1 und zur Erstattung derselben Kosten nach § 50 des Zehnten Buches Verpflichtete haften als Gesamtschuldner.

§ 104 Kostenersatz für zu Unrecht erbrachte Leistungen

[1]Zum Ersatz der Kosten für zu Unrecht erbrachte Leistungen der Sozialhilfe ist in entsprechender Anwendung des § 103 verpflichtet, wer die Leistungen durch vorsätzliches oder grob fahrlässiges Verhalten herbeigeführt hat. [2]Zum Kostenersatz nach Satz 1 und zur Erstattung derselben Kosten nach § 50 des Zehnten Buches Verpflichtete haften als Gesamtschuldner.

§ 105 Kostenersatz bei Doppelleistungen, nicht erstattungsfähige Unterkunftskosten

(1) Hat ein vorrangig verpflichteter Leistungsträger in Unkenntnis der Leistung des Trägers der Sozialhilfe an die leistungsberechtigte Person geleistet, ist diese zur Herausgabe des Erlangten an den Träger der Sozialhilfe verpflichtet.

(2) [1]Von den bei den Leistungen nach § 27a oder § 42 berücksichtigten Kosten der Unterkunft, mit Ausnahme der Kosten für Heizungs- und Warmwasserversorgung, unterliegen 56 vom Hundert nicht der Rückforderung. [2]Satz 1 gilt nicht im Fall des § 45 Abs. 2 Satz 3 des Zehnten Buches oder wenn neben Leistungen nach dem Dritten und Vierten Kapitel gleichzeitig Wohngeld nach dem Wohngeldgesetz geleistet worden ist.

§ 106 Kostenerstattung bei Aufenthalt in einer Einrichtung

(1) [1]Der nach § 98 Abs. 2 Satz 1 zuständige Träger der Sozialhilfe hat dem nach § 98 Abs. 2 Satz 3 vorläufig leistenden Träger die aufgewendeten Kosten zu erstatten. [2]Ist in den Fällen des § 98 Abs. 2 Satz 3 oder 4 ein gewöhnlicher Aufenthalt nicht vorhanden oder nicht zu ermitteln und war für die Leistungserbringung ein örtlicher Träger der Sozialhilfe sachlich zuständig, sind diesem die aufgewendeten Kosten von dem überörtlichen Träger der Sozialhilfe zu erstatten, zu dessen Bereich der örtliche Träger gehört.

(2) Als Aufenthalt in einer stationären Einrichtung gilt auch, wenn jemand außerhalb der Einrichtung untergebracht wird, aber in ihrer Betreuung bleibt, oder aus der Einrichtung beurlaubt wird.

(3) [1]Verlässt in den Fällen des § 98 Abs. 2 die leistungsberechtigte Person die Einrichtung und erhält sie im Bereich des örtlichen Trägers, in dem die Einrichtung liegt, innerhalb von einem Monat danach Leistungen der Sozialhilfe, sind dem örtlichen Träger der Sozialhilfe die aufgewendeten Kosten von dem Träger der Sozialhilfe zu erstatten, in dessen Bereich die leistungsberechtigte Person ihren gewöhnlichen Aufenthalt im Sinne des § 98 Abs. 2 Satz 1 hatte. [2]Absatz 1 Satz 2 gilt entsprechend. [3]Die Erstattungspflicht wird nicht durch einen Aufenthalt außerhalb des Bereichs oder in einer Einrichtung im Sinne des § 98 Abs. 2 Satz 1 unterbrochen, wenn dieser zwei Monate nicht übersteigt; sie endet, wenn für einen zusammenhängenden Zeitraum von zwei Monaten Leistungen nicht zu erbringen waren, spätestens nach Ablauf von zwei Jahren seit dem Verlassen der Einrichtung.

§ 107 Kostenerstattung bei Unterbringung in einer anderen Familie

§ 98 Abs. 2 und § 106 gelten entsprechend, wenn ein Kind oder ein Jugendlicher in einer anderen Familie oder bei anderen Personen als bei seinen Eltern oder bei einem Elternteil untergebracht ist.

§ 108 Kostenerstattung bei Einreise aus dem Ausland

(1) [1]Reist eine Person, die weder im Ausland noch im Inland einen gewöhnlichen Aufenthalt hat, aus dem Ausland ein und setzten innerhalb eines Monats nach ihrer Einreise Leistungen der Sozialhilfe ein, sind die aufgewendeten Kosten von dem von einer Schiedsstelle bestimmten überörtlichen Träger der Sozialhilfe zu erstatten. [2]Bei ihrer Entscheidung hat die Schiedsstelle die Einwohnerzahl und die Belastungen, die sich im vorangegangenen Haushaltsjahr für die Träger der Sozialhilfe nach dieser Vorschrift sowie nach den §§ 24 und 115 ergeben haben, zu berücksichtigen. [3]Satz 1 gilt nicht für Personen, die im Inland geboren sind oder bei Einsetzen der Leistung mit ihnen als Ehegatte, Lebenspartner, Verwandte oder Verschwägerte zusammenleben. [4]Leben Ehegatten, Lebenspartner, Verwandte oder Verschwägerte bei Einsetzen der Leistung zusammen, ist ein gemeinsamer erstattungspflichtiger Träger der Sozialhilfe zu bestimmen.

(2) [1]Schiedsstelle im Sinne des Absatzes 1 ist das Bundesverwaltungsamt. [2]Die Länder können durch Verwaltungsvereinbarung eine andere Schiedsstelle bestimmen.

(3) Ist ein Träger der Sozialhilfe nach Absatz 1 zur Erstattung der für eine leistungsberechtigte Person aufgewendeten Kosten verpflichtet, hat er auch die für den Ehegatten, den Lebenspartner oder die minderjährigen Kinder der leistungsberechtigten Personen aufgewendeten Kosten zu erstatten, wenn diese Personen später einreisen und Sozialhilfe innerhalb eines Monats einsetzt.

(4) Die Verpflichtung zur Erstattung der für Leistungsberechtigten aufgewendeten Kosten entfällt, wenn für einen zusammenhängenden Zeitraum von drei Monaten Sozialhilfe nicht zu leisten war.

(5) Die Absätze 1 bis 4 sind nicht anzuwenden für Personen, deren Unterbringung nach der Einreise in das Inland bundesrechtlich oder durch Vereinbarung zwischen Bund und Ländern geregelt ist.

§ 109 Ausschluss des gewöhnlichen Aufenthalts

Als gewöhnlicher Aufenthalt im Sinne des Zwölften Kapitels und des Dreizehnten Kapitels, Zweiter Abschnitt, gelten nicht der Aufenthalt in einer Einrichtung im Sinne von § 98 Abs. 2 und der auf richterlich angeordneter Freiheitsentziehung beruhende Aufenthalt in einer Vollzugsanstalt.

§ 110 Umfang der Kostenerstattung

(1) [1]Die aufgewendeten Kosten sind zu erstatten, soweit die Leistung diesem Buch entspricht. [2]Dabei gelten die am Aufenthaltsort der Leistungsberechtigten zur Zeit der Leistungserbringung bestehenden Grundsätze für die Leistung von Sozialhilfe.

(2) [1]Kosten unter 2560 Euro, bezogen auf einen Zeitraum der Leistungserbringung von bis zu zwölf Monaten, sind außer in den Fällen einer vorläufigen Leistungserbringung nach § 98 Abs. 2 Satz 3 nicht zu erstatten. [2]Die Begrenzung auf 2560 Euro gilt, wenn die Kosten für die Mitglieder eines Haushalts im Sinne von § 27 Absatz 2 Satz 2 und 3 zu erstatten sind, abweichend von Satz 1 für die Mitglieder des Haushalts zusammen.

§ 111 Verjährung

(1) Der Anspruch auf Erstattung der aufgewendeten Kosten verjährt in vier Jahren, beginnend nach Ablauf des Kalenderjahres, in dem er entstanden ist.

(2) Für die Hemmung, die Ablaufhemmung, den Neubeginn und die Wirkung der Verjährung gelten die Vorschriften des Bürgerlichen Gesetzbuchs sinngemäß.

§ 112 Kostenerstattung auf Landesebene

Die Länder können Abweichendes über die Kostenerstattung zwischen den Trägern der Sozialhilfe ihres Bereichs regeln.

Dritter Abschnitt
Sonstige Regelungen

§ 113 Vorrang der Erstattungsansprüche

Erstattungsansprüche der Träger der Sozialhilfe gegen andere Leistungsträger nach § 104 des Zehnten Buches gehen einer Übertragung, Pfändung oder Verpfändung des Anspruchs vor, auch wenn sie vor Entstehen des Erstattungsanspruchs erfolgt sind.

§ 114 Ersatzansprüche der Träger der Sozialhilfe nach sonstigen Vorschriften

Bestimmt sich das Recht des Trägers der Sozialhilfe, Ersatz seiner Aufwendungen von einem anderen zu verlangen, gegen den die Leistungsberechtigten einen Anspruch haben, nach sonstigen gesetzlichen Vorschriften, die dem § 93 vorgehen, gelten als Aufwendungen

1. die Kosten der Leistung für diejenige Person, die den Anspruch gegen den anderen hat, und

2. die Kosten für Leistungen nach dem Dritten und Vierten Kapitel, die gleichzeitig mit der Leistung nach Nummer 1 für den nicht getrennt lebenden Ehegatten oder Lebenspartner und die minderjährigen unverheirateten Kinder geleistet wurden.

§ 115 Übergangsregelung für die Kostenerstattung bei Einreise aus dem Ausland

Die Pflicht eines Trägers der Sozialhilfe zur Kostenerstattung, die nach der vor dem 1. Januar 1994 geltenden Fassung des § 108 des Bundessozialhilfegesetzes entstanden oder von der Schiedsstelle bestimmt worden ist, bleibt bestehen.

Vierzehntes Kapitel
Verfahrensbestimmungen

§ 116 Beteiligung sozial erfahrener Dritter

(1) Soweit Landesrecht nichts Abweichendes bestimmt, sind vor dem Erlass allgemeiner Verwaltungsvorschriften sozial erfahrene Dritte zu hören, insbesondere aus Vereinigungen, die Bedürftige betreuen, oder aus Vereinigungen von Sozialleistungsempfängern.

(2) Soweit Landesrecht nichts Abweichendes bestimmt, sind vor dem Erlass des Verwaltungsaktes über einen Widerspruch gegen die Ablehnung der Sozialhilfe oder gegen die Festsetzung ihrer Art und Höhe Dritte, wie sie in Absatz 1 bezeichnet sind, beratend zu beteiligen.

§ 116a Rücknahme von Verwaltungsakten

Für die Rücknahme eines rechtswidrigen nicht begünstigenden Verwaltungsakts gilt § 44 Absatz 4 Satz 1 des Zehnten Buches mit der Maßgabe, dass anstelle des Zeitraums von vier Jahren ein Zeitraum von einem Jahr tritt.

§ 117 Pflicht zur Auskunft

(1) [1]Die Unterhaltspflichtigen, ihre nicht getrennt lebenden Ehegatten oder Lebenspartner und die Kostenersatzpflichtigen haben dem Träger der Sozialhilfe über ihre Einkommens- und Vermögensverhältnisse Auskunft zu geben, soweit die Durchführung dieses Buches es erfordert. [2]Dabei haben sie die Verpflichtung, auf Verlangen des Trägers der Sozialhilfe Beweisurkunden vorzulegen oder ihrer Vorlage zuzustimmen. [3]Auskunftspflichtig nach Satz 1 und 2 sind auch Personen, von denen nach § 39 trotz Aufforderung unwiderlegt vermutet wird, dass sie Leistungen zum Lebensunterhalt an andere Mitglieder der Haushaltsgemeinschaft erbringen. [4]Die Auskunftspflicht der Finanzbehörden nach § 21 Abs. 4 des Zehnten Buches erstreckt sich auch auf diese Personen.

(2) Wer jemandem, der Leistung nach diesem Buch beantragt hat oder bezieht, Leistungen erbringt oder erbracht hat, die geeignet sind oder waren, diese Leistungen auszuschließen oder zu mindern, hat dem Träger der Sozialhilfe auf Verlangen hierüber Auskunft zu geben, soweit es zur Durchführung der Aufgaben nach diesem Buch im Einzelfall erforderlich ist.

(3) [1]Wer jemandem, der Leistungen nach diesem Buch beantragt hat oder bezieht, zu Leistungen verpflichtet ist oder war, die geeignet sind oder waren, Leistungen aus-

3

zuschließen oder zu mindern, oder für ihn Guthaben führt oder Vermögensgegenstände verwahrt, hat dem Träger der Sozialhilfe auf Verlangen hierüber sowie über damit im Zusammenhang stehendes Einkommen oder Vermögen Auskunft zu erteilen, soweit es zur Durchführung der Leistungen nach diesem Buch im Einzelfall erforderlich ist. [2]§ 21 Abs. 3 Satz 4 des Zehnten Buches gilt entsprechend.

(4) Der Arbeitgeber ist verpflichtet, dem Träger der Sozialhilfe über die Art und Dauer der Beschäftigung, die Arbeitsstätte und das Arbeitsentgelt der bei ihm beschäftigten Leistungsberechtigten, Unterhaltspflichtigen und deren nicht getrennt lebenden Ehegatten oder Lebenspartner sowie Kostenersatzpflichtigen Auskunft zu geben, soweit die Durchführung dieses Buches es erfordert.

(5) Die nach den Absätzen 1 bis 4 zur Erteilung einer Auskunft Verpflichteten können Angaben verweigern, die ihnen oder ihnen nahe stehenden Personen (§ 383 Abs. 1 Nr. 1 bis 3 der Zivilprozessordnung) die Gefahr zuziehen würden, wegen einer Straftat oder einer Ordnungswidrigkeit verfolgt zu werden.

(6) [1]Ordnungswidrig handelt, wer vorsätzlich oder fahrlässig die Auskünfte nach den Absätzen 2, 3 Satz 1 und Absatz 4 nicht, nicht richtig, nicht vollständig oder nicht rechtzeitig erteilt. [2]Die Ordnungswidrigkeit kann mit einer Geldbuße geahndet werden.

§ 118 Überprüfung, Verwaltungshilfe

(1) [1]Die Träger der Sozialhilfe können Personen, die Leistungen nach diesem Buch mit Ausnahme des Vierten Kapitels beziehen, auch regelmäßig im Wege des automatisierten Datenabgleichs daraufhin überprüfen,

1. ob und in welcher Höhe und für welche Zeiträume von ihnen Leistungen der Bundesagentur für Arbeit (Auskunftsstelle) oder der Träger der gesetzlichen Unfall- oder Rentenversicherung (Auskunftsstellen) bezogen werden oder wurden,

2. ob und in welchem Umfang Zeiten des Leistungsbezuges nach diesem Buch mit Zeiten einer Versicherungspflicht oder Zeiten einer geringfügigen Beschäftigung zusammentreffen,

3. ob und welche Daten nach § 45d Abs. 1 und § 45e des Einkommensteuergesetzes dem Bundeszentralamt für Steuern (Auskunftsstelle) übermittelt worden sind und

4. ob und in welcher Höhe ein Kapital nach § 90 Abs. 2 Nr. 2 nicht dem Zweck einer geförderten zusätzlichen Altersvorsorge im Sinne des § 10a oder des Abschnitts XI des Einkommensteuergesetzes dient.

[2]Sie dürfen für die Überprüfung nach Satz 1 Name, Vorname (Rufname), Geburtsdatum, Geburtsort, Nationalität, Geschlecht, Anschrift und Versicherungsnummer der Personen, die Leistungen nach diesem Buch beziehen, den Auskunftsstellen übermitteln. [3]Die Auskunftsstellen führen den Abgleich mit den nach Satz 2 übermittelten Daten durch und übermitteln die Daten über Feststellungen im Sinne des Satzes 1 an die Träger der Sozialhilfe. [4]Die ihnen überlassenen Daten und Datenträger sind nach Durchführung des Abgleichs unverzüglich zurückzugeben, zu löschen oder zu vernichten. [5]Die Träger der Sozialhilfe dürfen die ihnen übermittelten Daten nur zur Überprüfung nach Satz 1 nutzen. [6]Die übermittelten Daten der Personen, bei denen die Überprüfung zu keinen abweichenden Feststellungen führt, sind unverzüglich zu löschen.

(2) [1]Die Träger der Sozialhilfe sind befugt, Personen, die Leistungen nach diesem Buch beziehen, auch regelmäßig im Wege des automatisierten Datenabgleichs daraufhin zu überprüfen, ob und in welcher Höhe und für welche Zeiträume von ihnen Leistungen nach diesem Buch durch andere Träger der Sozialhilfe bezogen werden oder wurden. [2]Hierzu dürfen die erforderlichen Daten nach Absatz 1 Satz 2 anderen Trägern der Sozialhilfe oder einer zentralen Vermittlungsstelle im Sinne des § 120 Nr. 1 übermittelt werden. [3]Diese führen den Abgleich der ihnen übermittelten Daten durch und leiten Feststellungen im Sinne des Satzes 1 an die übermittelnden Träger der Sozialhilfe zurück. [4]Sind die ihnen übermittelten Daten oder Datenträger für die Überprüfung nach Satz 1 nicht mehr erforderlich, sind diese unverzüglich zurückzugeben, zu löschen oder zu vernichten. [5]Überprü-

fungsverfahren nach diesem Absatz können zusammengefasst und mit Überprüfungsverfahren nach Absatz 1 verbunden werden.

(3) [1]Die Datenstelle der Rentenversicherungsträger darf als Vermittlungsstelle für das Bundesgebiet die nach den Absätzen 1 und 2 übermittelten Daten speichern und nutzen, soweit dies für die Datenabgleich nach den Absätzen 1 und 2 erforderlich ist. [2]Sie darf die Daten der Stammsatzdatei (§ 150 des Sechsten Buches) und der bei ihr für die Prüfung bei den Arbeitgebern geführten Datei (§ 28p Abs. 8 Satz 2 des Vierten Buches) nutzen, soweit die Daten für die Datenabgleiche erforderlich sind. [3]Die nach Satz 1 bei der Datenstelle der Rentenversicherungsträger gespeicherten Daten sind unverzüglich nach Abschluss der Datenabgleiche zu löschen.

(4) [1]Die Träger der Sozialhilfe sind befugt, zur Vermeidung rechtswidriger Inanspruchnahme von Sozialhilfe Daten von Personen, die Leistungen nach diesem Buch beziehen, bei anderen Stellen ihrer Verwaltung, bei ihren wirtschaftlichen Unternehmen und bei den Kreisen, Kreisverwaltungsbehörden und Gemeinden zu überprüfen, soweit diese für die Erfüllung dieser Aufgaben erforderlich sind. [2]Sie dürfen für die Überprüfung die in Absatz 1 Satz 2 genannten Daten übermitteln. [3]Die Überprüfung kann auch regelmäßig im Wege des automatisierten Datenabgleichs mit den Stellen durchgeführt werden, bei denen die in Satz 4 jeweils genannten Daten zuständigkeitshalber vorliegen. [4]Nach Satz 1 ist die Überprüfung folgender Daten zulässig:

1. Geburtsdatum und -ort,

2. Personen- und Familienstand,

3. Wohnsitz,

4. Dauer und Kosten von Miet- oder Überlassungsverhältnissen von Wohnraum,

5. Dauer und Kosten von bezogenen Leistungen über Elektrizität, Gas, Wasser, Fernwärme oder Abfallentsorgung und

6. Eigenschaft als Kraftfahrzeughalter.

[5]Die in Satz 1 genannten Stellen sind verpflichtet, die in Satz 4 genannten Daten zu übermitteln. [6]Sie haben die ihnen im Rahmen der Überprüfung übermittelten Daten nach Vorlage der Mitteilung unverzüglich zu lö-

schen. [7]Eine Übermittlung durch diese Stellen unterbleibt, soweit ihr besondere gesetzliche Verwendungsregelungen entgegenstehen.

§ 119　Wissenschaftliche Forschung im Auftrag des Bundes

[1]Der Träger der Sozialhilfe darf einer wissenschaftlichen Einrichtung, die im Auftrag des Bundesministeriums für Arbeit und Soziales ein Forschungsvorhaben durchführt, das dem Zweck dient, die Erreichung der Ziele von Gesetzen über soziale Leistungen zu überprüfen oder zu verbessern, Sozialdaten übermitteln, soweit

1. dies zur Durchführung des Forschungsvorhabens erforderlich ist, insbesondere das Verfahren mit anonymisierten oder pseudoanonymisierten Daten nicht durchgeführt werden kann, und

2. das öffentliche Interesse an dem Forschungsvorhaben das schutzwürdige Interesse der Betroffenen an einem Ausschluss der Übermittlung erheblich überwiegt.

[2]Vor der Übermittlung sind die Betroffenen über die beabsichtigte Übermittlung, den Zweck des Forschungsvorhabens sowie ihr Widerspruchsrecht nach Satz 3 schriftlich zu unterrichten. [3]Sie können der Übermittlung innerhalb eines Monats nach der Unterrichtung widersprechen. [4]Im Übrigen bleibt das Zweite Kapitel des Zehnten Buches unberührt.

§ 120　Verordnungsermächtigung

Das Bundesministerium für Arbeit und Soziales wird ermächtigt, durch Rechtsverordnung mit Zustimmung des Bundesrates

1. das Nähere über das Verfahren des automatisierten Datenabgleichs nach § 118 Abs. 1 und die Kosten des Verfahrens zu regeln; dabei ist vorzusehen, dass die Zuleitung an die Auskunftsstellen durch eine zentrale Vermittlungsstelle (Kopfstelle) zu erfolgen hat, deren Zuständigkeitsbereich zumindest das Gebiet eines Bundeslandes umfasst, und

2. das Nähere über das Verfahren nach § 118 Abs. 2 zu regeln.

Fünfzehntes Kapitel
Statistik

§ 121 Bundesstatistik

Zur Beurteilung der Auswirkungen diese Buches und zu seiner Fortentwicklung werden Erhebungen über

1. die Leistungsberechtigten, denen

   a) Hilfe zum Lebensunterhalt nach dem Dritten Kapitel (§§ 27 bis 40),

   b) Grundsicherung im Alter und bei Erwerbsminderung nach dem Vierten Kapitel (§§ 41 bis 46),

   c) Hilfen zur Gesundheit nach dem Fünften Kapitel (§§ 47 bis 52),

   d) Eingliederungshilfe für behinderte Menschen nach dem Sechsten Kapitel (§§ 53 bis 60),

   e) Hilfe zur Pflege nach dem Siebten Kapitel (§§ 61 bis 66),

   f) Hilfe zur Überwindung besonderer sozialer Schwierigkeiten nach dem Achten Kapitel (§§ 67 bis 69) und

   g) Hilfe in anderen Lebenslagen nach dem Neunten Kapitel (§§ 70 bis 74),

   geleistet wird,

2. die Ausgaben und Einnahmen der Sozialhilfe

als Bundesstatistik durchgeführt.

§ 122 Erhebungsmerkmale

(1) Erhebungsmerkmale bei der Erhebung nach § 121 Nr. 1 Buchstabe a sind:

1. für Leistungsberechtigte, denen Leistungen nach dem Dritten Kapitel für mindestens einen Monat erbracht werden:

   a) Geschlecht, Geburtsmonat und -jahr, Staatsangehörigkeit, Migrationshintergrund, bei Ausländern auch aufenthaltsrechtlicher Status, Stellung zum Haushaltsvorstand, Art der geleisteten Mehrbedarfszuschläge,

   b) für Leistungsberechtigte, die das 15. Lebensjahr vollendet, die Altersgrenze nach § 41 Abs. 2 aber noch nicht erreicht haben, zusätzlich zu den unter Buchstabe a genannten Merkmalen: Beschäftigung, Einschränkung der Leistung,

   c) für Leistungsberechtigte in Personengemeinschaften, für die eine gemeinsame Bedarfsberechnung erfolgt, und für einzelne Leistungsberechtigte: Wohngemeinde und Gemeindeteil, Art des Trägers, Leistungen in und außerhalb von Einrichtungen, Beginn der Leistung nach Monat und Jahr, Beginn der ununterbrochenen Leistungserbringung für mindestens ein Mitglied der Personengemeinschaft nach Monat und Jahr, die in den § 27a Absatz 3, §§ 27b, 30 bis 33, 34 Absatz 2 bis 7, §§ 35 bis 38 und 133a genannten Bedarfe je Monat, Nettobedarf je Monat, Art und jeweilige Höhe der angerechneten oder in Anspruch genommenen Einkommen und übergegangenen Ansprüche, Zahl aller Haushaltsmitglieder, Zahl aller Leistungsberechtigten im Haushalt,

   d) bei Änderung der Zusammensetzung der Personengemeinschaft und bei Beendigung der Leistungserbringung zusätzlich zu den unter den Buchstaben a bis c genannten Merkmalen: Monat und Jahr der Änderung der Zusammensetzung oder der Beendigung der Leistung, bei Ende der Leistung auch Grund der Einstellung der Leistungen und

2. für Leistungsberechtigte, die nicht zu dem Personenkreis der Nummer 1 zählen: Geschlecht, Altersgruppe, Staatsangehörigkeit, Vorhandensein eigenen Wohnraums, Art des Trägers.

(2) Erhebungsmerkmale bei der Erhebung nach § 121 Nr. 1 Buchstabe b sind: Geschlecht, Geburtsmonat und -jahr, Wohngemeinde und Gemeindeteil, Art des Trägers, Staatsangehörigkeit sowie bei Ausländern auch aufenthaltsrechtlicher Status, Leistungen in und außerhalb von Einrichtungen, Ursache und Beginn der Leistungsgewährung nach Monat und Jahr, die in § 42 Nummer 1 bis 5 genannten Bedarfe je Monat, Nettobedarf je Monat, Art und jeweilige Höhe der angerechneten oder in Anspruch genommenen Einkommen.

(3) Erhebungsmerkmale bei den Erhebungen nach § 121 Nr. 1 Buchstabe c bis g sind für jeden Leistungsberechtigten:

1. Geschlecht, Geburtsmonat und -jahr, Wohngemeinde und Gemeindeteil, Staatsangehörigkeit, bei Ausländern auch aufenthaltsrechtlicher Status, Art des Trägers, erbrachte Leistung im Laufe und am Ende des Berichtsjahres sowie in und außerhalb von Einrichtungen nach Art der Leistung nach § 8, am Jahresende erbrachte Leistungen nach dem Dritten und Vierten Kapitel jeweils getrennt nach in und außerhalb von Einrichtungen,

2. bei Leistungsberechtigten nach dem Sechsten und Siebten Kapitel auch die einzelne Art der Leistungen und die Ausgaben je Fall, Beginn und Ende der Leistungserbringung nach Monat und Jahr sowie Art der Unterbringung, Leistung durch ein Persönliches Budget,

3. bei Leistungsberechtigten nach dem Sechsten Kapitel zusätzlich die Beschäftigten, denen der Übergang auf den allgemeinen Arbeitsmarkt gelingt,

4. bei Leistungsberechtigten nach dem Siebten Kapitel zusätzlich Erbringung von Pflegeleistungen von Sozialversicherungsträgern.

(4) Erhebungsmerkmale bei der Erhebung nach § 121 Nr. 2 sind: Art des Trägers, Ausgaben für Leistungen in und außerhalb von Einrichtungen nach § 8, Einnahmen in und außerhalb von Einrichtungen nach Einnahmearten und Leistungen nach § 8.

§ 123 Hilfsmerkmale

(1) Hilfsmerkmale sind

1. Name und Anschrift des Auskunftspflichtigen,

2. für die Erhebung nach § 122 Abs. 1 Nr. 1 und Abs. 2 die Kennnummern der Leistungsberechtigten,

3. Name und Telefonnummer der für eventuelle Rückfragen zur Verfügung stehenden Person.

(2) [1]Die Kennnummern nach Absatz 1 Nr. 2 dienen der Prüfung der Richtigkeit der Statistik und der Fortschreibung der jeweils letzten Bestandserhebung. [2]Sie enthalten keine Angaben über persönliche und sachliche Verhältnisse der Leistungsberechtigten und sind

zum frühestmöglichen Zeitpunkt spätestens nach Abschluss der wiederkehrenden Bestandserhebung zu löschen.

§ 124 Periodizität, Berichtszeitraum und Berichtszeitpunkte

(1) [1]Die Erhebungen nach § 122 Abs. 1 Nr. 1 Buchstabe a bis c und Abs. 2 werden als Bestandserhebungen jährlich zum 31. Dezember durchgeführt. [2]Die Angaben sind darüber hinaus bei Beginn und Ende der Leistungserbringung sowie bei Änderung der Zusammensetzung der Personengemeinschaft nach § 122 Abs. 1 Nr. 1 Buchstabe c zu erteilen. [3]Die Angaben zu § 122 Abs. 1 Nr. 1 Buchstabe d sind ebenfalls zum Zeitpunkt der Beendigung der Leistungserbringung und der Änderung der Zusammensetzung der Personengemeinschaft zu erteilen.

(2) Die Erhebung nach § 122 Abs. 1 Nr. 2 wird als Bestandserhebung vierteljährlich zum Quartalsende durchgeführt.

(3) Die Erhebungen nach § 122 Abs. 3 und 4 erfolgen jährlich für das abgelaufene Kalenderjahr.

§ 125 Auskunftpflicht

(1) [1]Für die Erhebungen besteht Auskunftspflicht. [2]Die Angaben nach § 123 Abs. 1 Nr. 3 sowie die Angaben zum Gemeindeteil nach § 122 Abs. 1 Nr. 1 Buchstabe c, § 122 Abs. 2 und Abs. 3 Nr. 1 sind freiwillig.

(2) Auskunftpflichtig sind die zuständigen örtlichen und überörtlichen Träger der Sozialhilfe sowie die kreisangehörigen Gemeinden und Gemeindeverbände, soweit sie Aufgaben dieses Buches wahrnehmen.

§ 126 Übermittlung, Veröffentlichung

(1) [1]An die fachlich zuständigen obersten Bundes- oder Landesbehörden dürfen für die Verwendung gegenüber den gesetzgebenden Körperschaften und für Zwecke der Planung, jedoch nicht für die Regelung von Einzelfällen, vom Statistischen Bundesamt und den statistischen Ämtern der Länder Tabellen mit statistischen Ergebnissen übermittelt werden, auch soweit Tabellenfelder nur einen einzigen Fall ausweisen. [2]Tabellen, deren Tabellenfel-

3

der nur einen einzigen Fall ausweisen, dürfen nur dann übermittelt werden, wenn sie nicht differenzierter als auf Regierungsbezirksebene, bei Stadtstaaten auf Bezirksebene, aufbereitet sind.

(2) Die statistischen Ämter der Länder stellen dem Statistischen Bundesamt für Zusatzaufbereitungen des Bundes jährlich unverzüglich nach Aufbereitung der Bestandserhebung und der Erhebung im Laufe des Berichtsjahres Einzelangaben aus einer Zufallsstichprobe mit einem Auswahlsatz von 25 vom Hundert der Leistungsempfänger zur Verfügung.

(3) Die Ergebnisse der Sozialhilfestatistik dürfen auf die einzelne Gemeinde bezogen veröffentlicht werden.

§ 127 Übermittlung an Kommunen

(1) Für ausschließlich statistische Zwecke dürfen den zur Durchführung statistischer Aufgaben zuständigen Stellen der Gemeinden und Gemeindeverbände für ihren Zuständigkeitsbereich Einzelangaben aus der Erhebung nach § 122 mit Ausnahme der Hilfsmerkmale übermittelt werden, soweit die Voraussetzungen nach § 16 Abs. 5 des Bundesstatistikgesetzes gegeben sind.

(2) Die Daten können auch für interkommunale Vergleichszwecke übermittelt werden, wenn die betreffenden Träger der Sozialhilfe zustimmen und sichergestellt ist, dass die Datenerhebung der Berichtsstellen nach standardisierten Erfassungs- und Melderegelungen sowie vereinheitlichter Auswertungsroutine erfolgt.

§ 128 Zusatzerhebungen

Über Leistungen und Maßnahmen nach dem Dritten bis Neunten Kapitel, die nicht durch die Erhebungen nach § 121 Nr. 1 erfasst sind, können bei Bedarf Zusatzerhebungen als Bundesstatistiken durchgeführt werden.

§ 129 Verordnungsermächtigung

Das Bundesministerium für Arbeit und Soziales kann für Zusatzerhebungen nach § 128 im Einvernehmen mit dem Bundesministerium des Innern durch Rechtsverordnung mit Zu-stimmung des Bundesrates das Nähere regeln über

a) den Kreis der Auskunftspflichtigen nach § 125 Abs. 2,

b) die Gruppen von Leistungsberechtigten, denen Hilfen nach dem Dritten bis Neunten Kapitel geleistet werden,

c) die Leistungsberechtigten, denen bestimmte einzelne Leistungen der Hilfen nach dem Dritten bis Neunten Kapitel geleistet werden,

d) den Zeitpunkt der Erhebungen,

e) die erforderlichen Erhebungs- und Hilfsmerkmale im Sinne der §§ 122 und 123 und

f) die Art der Erhebung (Vollerhebung oder Zufallsstichprobe).

Sechzehntes Kapitel
Übergangs- und Schlussbestimmungen

§ 130 Übergangsregelung für ambulant Betreute

Für Personen, die Leistungen der Eingliederungshilfe für behinderte Menschen oder der Hilfe zur Pflege empfangen, deren Betreuung am 26. Juni 1996 durch von ihnen beschäftigte Personen oder ambulante Dienste sichergestellt wurde, gilt § 3a des Bundessozialhilfegesetzes in der am 26. Juli 1996 geltenden Fassung.

§ 131 Übergangsregelung zur Erbringung von Leistungen für Bildung und Teilhabe

(1) Die Leistungen für Bedarfe nach § 34 Absatz 3 sind erstmals für das Schuljahr 2011/12 zu berücksichtigen.

(2) Werden Leistungen für Bedarfe nach § 34 Absatz 2, 4 bis 7 für den Zeitraum vom 1. Januar bis 31. Mai 2011 bis zum 30. Juni 2011 rückwirkend beantragt, gilt dieser Antrag als zum 1. Januar 2011 gestellt.

(3) [1]In den Fällen des Absatzes 2 sind Leistungen für die Bedarfe nach § 34 Absatz 2 Satz 1 Nummer 1, Satz 2 und Absatz 5 für den Zeitraum vom 1. Januar bis zum 31. Mai 2011 abweichend von § 34a Absatz 2 Satz 1 durch

Direktzahlung an den Anbieter zu erbringen, wenn bei der leistungsberechtigten Person noch keine Aufwendungen zur Deckung dieser Bedarfe entstanden sind. [2]Soweit die leistungsberechtigte Person in den Fällen des Absatzes 2 nachweist, dass ihr bereits Aufwendungen zur Deckung der in Satz 1 genannten Bedarfe entstanden sind, werden diese Aufwendungen abweichend von § 34a Absatz 2 Satz 1 durch Geldleistung an die leistungsberechtigte Person erstattet.

(4) [1]Für Schülerinnen und Schüler, die eine Schule besuchen, an der eine gemeinschaftliche Mittagsverpflegung in schulischer Verantwortung angeboten wird, sowie für Kinder, für die Kindertagespflege geleistet wird oder die eine Tageseinrichtung besuchen, an der eine gemeinschaftliche Mittagsverpflegung angeboten wird, werden die entstehenden Mehraufwendungen abweichend von § 34 Absatz 6 für die Zeit vom 1. Januar bis zum 31. März 2011 in Höhe von monatlich 26 Euro berücksichtigt. [2]Bei Leistungsberechtigten bis zur Vollendung des 18. Lebensjahres, denen für die Zeit vom 1. Januar bis zum 31. März 2011 Aufwendungen für Teilhabe am sozialen und kulturellen Leben entstanden sind, werden abweichend von § 34 Absatz 7 als Bedarf monatlich 10 Euro berücksichtigt. [3]Die im Zeitraum vom 1. Januar bis zum 31. März 2011 nach den Sätzen 1 und 2 zu berücksichtigenden Bedarfe werden abweichend von § 34a Absatz 2 Satz 1 durch Geldleistung gedeckt; die im Zeitraum vom 1. April bis zum 31. Mai 2011 nach den Sätzen 1 und 2 zu berücksichtigenden Bedarfe können in den Fällen des Absatzes 2 abweichend von § 34a Absatz 2 Satz 1 auch durch Geldleistung gedeckt werden. [4]Bis zum 31. Dezember 2013 gilt § 34 Absatz 6 Satz 2 mit der Maßgabe, dass die entstehenden Mehraufwendungen als Bedarf auch berücksichtigt werden, wenn Schülerinnen und Schüler das Mittagessen in einer Einrichtung nach § 22 des Achten Buches einnehmen.

§ 132 Übergangsregelung zur Sozialhilfegewährung für Deutsche im Ausland

(1) Deutsche, die am 31. Dezember 2003 Leistungen nach § 147b des Bundessozialhilfegesetzes in der zu diesem Zeitpunkt geltenden Fassung bezogen haben, erhalten diese Leistungen bei fortdauernder Bedürftigkeit weiter.

(2) [1]Deutsche,

1. die in den dem 1. Januar 2004 vorangegangenen 24 Kalendermonaten ohne Unterbrechung Leistungen nach § 119 des Bundessozialhilfegesetzes in der am 31. Dezember 2003 geltenden Fassung bezogen haben und

2. in dem Aufenthaltsstaat über eine dauerhafte Aufenthaltsgenehmigung verfügen,

erhalten diese Leistungen bei fortdauernder Bedürftigkeit weiter. [2]Für Deutsche, die am 31. Dezember 2003 Leistungen nach § 119 des Bundessozialhilfegesetzes in der am 31. Dezember 2003 geltenden Fassung bezogen haben und weder die Voraussetzungen nach Satz 1 noch die Voraussetzungen des § 24 Abs. 1 erfüllen, enden die Leistungen bei fortdauernder Bedürftigkeit mit Ablauf des 31. März 2004.

(3) Deutsche, die die Voraussetzungen des § 1 Abs. 1 des Bundesentschädigungsgesetzes erfüllen und

1. zwischen dem 30. Januar 1933 und dem 8. Mai 1945 das Gebiet des Deutschen Reiches oder der Freien Stadt Danzig verlassen haben, um sich einer von ihnen nicht zu vertretenden und durch die politischen Verhältnisse bedingten besonderen Zwangslage zu entziehen oder aus den gleichen Gründen nicht in das Gebiet des Deutschen Reiches oder der Freien Stadt Danzig zurückkehren konnten oder

2. nach dem 8. Mai 1945 und vor dem 1. Januar 1950 das Gebiet des Deutschen Reiches nach dem Stande vom 31. Dezember 1937 oder das Gebiet der Freien Stadt Danzig verlassen haben,

können, sofern sie in dem Aufenthaltsstaat über ein dauerhaftes Aufenthaltsrecht verfügen, in außergewöhnlichen Notlagen Leis-

3

tungen erhalten, auch wenn sie nicht die Voraussetzungen nach den Absätzen 1 und 2 oder nach § 24 Abs. 1 erfüllen; § 24 Abs. 2 gilt.

§ 133 Übergangsregelung für besondere Hilfen an Deutsche nach Artikel 116 Abs. 1 des Grundgesetzes

(1) [1]Deutsche, die außerhalb des Geltungsbereiches dieses Gesetzes, aber innerhalb des in Artikel 116 Abs. 1 des Grundgesetzes genannten Gebiets geboren sind und dort ihren gewöhnlichen Aufenthalt haben, können in außergewöhnlichen Notlagen besondere Hilfen erhalten, auch wenn sie nicht die Voraussetzungen des § 24 Abs. 1 erfüllen. [2]§ 24 Abs. 2 gilt. [3]Die Höhe dieser Leistungen bemisst sich nach den im Aufenthaltsstaat in vergleichbaren Lebensumständen üblichen Leistungen. [4]Die besonderen Hilfen werden unter Übernahme der Kosten durch den Bund durch Träger der freien Wohlfahrtspflege mit Sitz im Inland geleistet.

(2) Die Bundesregierung wird ermächtigt, durch Rechtsverordnung mit Zustimmung des Bundesrates die persönlichen Bezugsvoraussetzungen, die Bemessung der Leistungen sowie die Trägerschaft und das Verfahren zu bestimmen.

§ 133a Übergangsregelung für Hilfeempfänger in Einrichtungen

Für Personen, die am 31. Dezember 2004 einen Anspruch auf einen zusätzlichen Barbetrag nach § 21 Abs. 3 Satz 4 des Bundessozialhilfegesetzes haben, wird diese Leistung in der für den vollen Kalendermonat Dezember 2004 festgestellten Höhe weiter erbracht.

§ 134 Übergangsregelung für die Fortschreibung der Regelbedarfsstufen 4 bis 6

Abweichend von § 28a sind die Regelbedarfsstufen 4 bis 6 der Anlage zu § 28 nicht mit dem sich nach der Verordnung nach § 40 ergebenden Vomhundertsatz fortzuschreiben, solange sich durch die entsprechende Fortschreibung der Beträge nach § 8 Absatz 1 Nummer 4 bis 6 des Regelbedarfs-Ermitt-

lungsgesetzes keine höheren Beträge ergeben würden.

§ 135 Übergangsregelung aus Anlass des Zweiten Rechtsbereinigungsgesetzes

(1) [1]Erhielten am 31. Dezember 1986 Tuberkulosekranke, von Tuberkulose Bedrohte oder von Tuberkulose Genesene laufende Leistungen nach Vorschriften, die durch das Zweite Rechtsbereinigungsgesetz außer Kraft treten, sind diese Leistungen nach den bisher maßgebenden Vorschriften weiterzugewähren, längstens jedoch bis zum 31. Dezember 1987. [2]Sachlich zuständig bleibt der überörtliche Träger der Sozialhilfe, soweit nicht nach Landesrecht der örtliche Träger zuständig ist.

(2) Die Länder können für die Verwaltung der im Rahmen der bisherigen Tuberkulosehilfe gewährten Darlehen andere Behörden bestimmen.

§ 136 Übergangsregelung zur Rücknahme von Verwaltungsakten

§ 116a ist nicht anwendbar auf Anträge nach § 44 des Zehnten Buches, die vor dem 1. April 2011 gestellt worden sind.

§ 137 Übergangsregelung aus Anlass des Gesetzes zur Ermittlung von Regelbedarfen und zur Änderung des Zweiten und Zwölften Buches Sozialgesetzbuch

[1]Kommt es durch das Inkrafttreten des Gesetzes zur Ermittlung von Regelbedarfen und zur Änderung des Zweiten und Zwölften Buches Sozialgesetzbuch zu einer Verminderung des Regelbedarfs nach § 27a Absatz 3 Satz 1 oder § 42 Nummer 1, sind für den Zeitraum vom 1. Januar bis 31. März 2011 bereits erbrachte Regelsätze nicht zu erstatten. [2]Eine Aufrechnung ist unzulässig.

§ 138 Fortschreibung der Regelbedarfsstufen zum 1. Januar 2012

Die Regelbedarfsstufen werden in zwei Stufen zum 1. Januar 2012 wie folgt fortgeschrieben:

1. Abweichend von § 28a Absatz 2 und § 40 werden die Regelbedarfsstufen mit der Veränderungsrate des Mischindexes fortgeschrieben, die sich ergibt aus der Veränderung in dem Zwölfmonatszeitraum, der mit dem 1. Juli 2009 beginnt und mit dem 30. Juni 2010 endet, gegenüber dem Jahresdurchschnittswert 2009; die Veränderungsrate beträgt 0,75 vom Hundert;
2. die sich durch die Fortschreibung nach Nummer 1 nach Anwendung der Rundungsregelung nach § 28 Absatz 4 Satz 5 für jede Regelbedarfsstufe ergebenden Beträge werden nach § 28a fortgeschrieben.

3

Anlage
(zu § 28)

Regelbedarfsstufen nach § 28
gültig ab 1. Januar 2011

Regelbedarfsstufe 1	364 Euro
Regelbedarfsstufe 2	328 Euro
Regelbedarfsstufe 3	291 Euro
Regelbedarfsstufe 4	287 Euro
Regelbedarfsstufe 5	251 Euro
Regelbedarfsstufe 6	215 Euro

gültig ab 1. Januar 2012

Regelbedarfsstufe 1	374 Euro
Regelbedarfsstufe 2	337 Euro
Regelbedarfsstufe 3	299 Euro
Regelbedarfsstufe 4	287 Euro
Regelbedarfsstufe 5	251 Euro
Regelbedarfsstufe 6	219 Euro

Regelbedarfsstufe 1:

Für eine erwachsene leistungsberechtigte Person, die als alleinstehende oder alleinerziehende Person einen eigenen Haushalt führt; dies gilt auch dann, wenn in diesem Haushalt eine oder mehrere weitere erwachsene Personen leben, die der Regelbedarfsstufe 3 zuzuordnen sind.

Regelbedarfsstufe 2:

Für jeweils zwei erwachsene Leistungsberechtigte, die als Ehegatten, Lebenspartner oder in eheähnlicher oder lebenspartnerschaftsähnlicher Gemeinschaft einen gemeinsamen Haushalt führen.

Regelbedarfsstufe 3:

Für eine erwachsene leistungsberechtigte Person, die weder einen eigenen Haushalt führt, noch als Ehegatte, Lebenspartner oder in eheähnlicher oder lebenspartnerschaftsähnlicher Gemeinschaft einen gemeinsamen Haushalt führt.

Regelbedarfsstufe 4:

Für eine leistungsberechtigte Jugendliche oder einen leistungsberechtigten Jugendlichen vom Beginn des 15. bis zur Vollendung des 18. Lebensjahres.

Regelbedarfsstufe 5:

Für ein leistungsberechtigtes Kind vom Beginn des siebten bis zur Vollendung des 14. Lebensjahres.

Regelbedarfsstufe 6:

Für ein leistungsberechtigtes Kind bis zur Vollendung des sechsten Lebensjahres.

Gesetz zur Ermittlung der Regelbedarfe nach § 28 des Zwölften Buches Sozialgesetzbuch (Regelbedarfs-Ermittlungsgesetz – RBEG)

Vom 24. März 2011 (BGBl. I S. 453)

§ 1 Grundsatz

Auf der Grundlage von Sonderauswertungen zur Einkommens- und Verbrauchsstichprobe 2008 nach § 28 des Zwölften Buches Sozialgesetzbuch werden die Regelbedarfsstufen nach den §§ 2 bis 8 dieses Gesetzes ermittelt.

§ 2 Bestimmung der Referenzhaushalte

Der Ermittlung der Regelbedarfsstufen nach der Anlage zu § 28 des Zwölften Buches Sozialgesetzbuch liegen die Verbrauchsausgaben zugrunde von

1. Haushalten, in denen eine erwachsene Person allein lebt (Einpersonenhaushalte), und

2. Haushalten, in denen Paare mit einem Kind leben (Familienhaushalte).

§ 3 Abgrenzung der Referenzhaushalte

(1) Von den Haushalten nach § 2 sind diejenigen Haushalte nicht als Referenzhaushalte zu berücksichtigen, in denen Leistungsberechtigte im Erhebungszeitraum folgende Leistungen bezogen haben:

1. Hilfe zum Lebensunterhalt nach dem Dritten Kapitel des Zwölften Buches Sozialgesetzbuch,

2. Grundsicherung im Alter und bei Erwerbsminderung nach dem Vierten Kapitel des Zwölften Buches Sozialgesetzbuch,

3. Arbeitslosengeld II oder Sozialgeld nach dem Zweiten Buch Sozialgesetzbuch.

(2) Nicht auszuschließen von den Haushalten nach Absatz 1 sind Leistungsberechtigte nach Absatz 1 Nummer 1 bis 3, wenn sie im Erhebungszeitraum

1. zusätzlich Erwerbseinkommen bezogen haben, das nicht als Einkommen berücksichtigt wurde,

2. einen Zuschlag nach § 24 des Zweiten Buches Sozialgesetzbuch in der bis zum 31. Dezember 2010 geltenden Fassung bezogen haben,

3. Elterngeld nach dem Bundeselterngeld- und Elternzeitgesetz bezogen haben oder

4. Anspruch auf eine Eigenheimzulage nach dem Eigenheimzulagengesetz gehabt haben.

§ 4 Abgrenzung untere Einkommensschichten

Der Abgrenzung der Referenzhaushalte nach § 2 liegen die nach ihrem Nettoeinkommen geschichteten Einpersonen- und Familienhaushalte der Einkommens- und Verbrauchsstichprobe 2008 zugrunde. Nach Herausnahme der nach § 3 Absatz 1 nicht zu berücksichtigenden Haushalte werden als Referenzhaushalte für die Ermittlung der Regelbedarfe berücksichtigt:

1. von den Einpersonenhaushalten nach § 2 Nummer 1 die unteren 15 Prozent der Haushalte und

2. von den Familienhaushalten nach § 2 Nummer 2 die unteren 20 Prozent der Haushalte.

§ 5 Regelbedarfsrelevante Verbrauchsausgaben der Einpersonenhaushalte

(1) Von den Verbrauchsausgaben der Einpersonenhaushalte nach § 4 Satz 2 Nummer 1 werden für die Ermittlung des Regelbedarfs folgende Verbrauchsausgaben der einzelnen Abteilungen der Sonderauswertung für den Regelbedarf berücksichtigt (regelbedarfsrelevant):

Abteilung 1	(Nahrungsmittel, alkoholfreie Getränke)	128,46 Euro
Abteilung 3	(Bekleidung und Schuhe)	30,40 Euro
Abteilung 4	(Wohnen, Energie und Wohnungsinstandhaltung)	30,24 Euro
Abteilung 5	(Innenausstattung, Haushaltsgeräte und -gegenstände)	27,41 Euro

Abteilung 6	(Gesundheitspflege)	15,55 Euro
Abteilung 7	(Verkehr)	22,78 Euro
Abteilung 8	(Nachrichtenübermittlung)	31,96 Euro
Abteilung 9	(Freizeit, Unterhaltung, Kultur)	39,96 Euro
Abteilung 10	(Bildung)	1,39 Euro
Abteilung 11	(Beherbergungs- und Gaststättendienstleistungen)	7,16 Euro
Abteilung 12	(Andere Waren und Dienstleistungen)	26,50 Euro

3

(2) Die Summe der regelbedarfsrelevanten Verbrauchsausgaben der Einpersonenhaushalte nach Absatz 1 beträgt 361,81 Euro.

§ 6 Regelbedarfsrelevante Verbrauchsausgaben der Familienhaushalte

(1) Von den Verbrauchsausgaben der Familienhaushalte nach § 4 Satz 2 Nummer 2 werden bei Kindern und Jugendlichen folgende Verbrauchsausgaben als regelbedarfsrelevant berücksichtigt:

1. Kinder bis zur Vollendung des sechsten Lebensjahres:

Abteilung 1	(Nahrungsmittel, alkoholfreie Getränke)	78,67 Euro
Abteilung 3	(Bekleidung und Schuhe)	31,18 Euro
Abteilung 4	(Wohnen, Energie und Wohnungsinstandhaltung)	7,04 Euro
Abteilung 5	(Innenausstattung, Haushaltsgeräte und -gegenstände)	13,64 Euro
Abteilung 6	(Gesundheitspflege)	6,09 Euro
Abteilung 7	(Verkehr)	11,79 Euro
Abteilung 8	(Nachrichtenübermittlung)	15,75 Euro
Abteilung 9	(Freizeit, Unterhaltung, Kultur)	35,93 Euro
Abteilung 10	(Bildung)	0,98 Euro
Abteilung 11	(Beherbergungs- und Gaststättendienstleistungen)	1,44 Euro
Abteilung 12	(Andere Waren und Dienstleistungen)	9,18 Euro

2. Kinder vom Beginn des siebten bis zur Vollendung des 14. Lebensjahres:

Abteilung 1	(Nahrungsmittel, alkoholfreie Getränke)	96,55 Euro
Abteilung 3	(Bekleidung und Schuhe)	33,32 Euro

Abteilung 4	(Wohnen, Energie und Wohnungsinstandhaltung)	11,07 Euro
Abteilung 5	(Innenausstattung, Haushaltsgeräte und -gegenstände)	11,77 Euro
Abteilung 6	(Gesundheitspflege)	4,95 Euro
Abteilung 7	(Verkehr)	14,00 Euro
Abteilung 8	(Nachrichtenübermittlung)	15,35 Euro
Abteilung 9	(Freizeit, Unterhaltung, Kultur)	41,33 Euro
Abteilung 10	(Bildung)	1,16 Euro
Abteilung 11	(Beherbergungs- und Gaststättendienstleistungen)	3,51 Euro
Abteilung 12	(Andere Waren und Dienstleistungen)	7,31 Euro

3. Jugendliche vom Beginn des 15. bis zur Vollendung des 18. Lebensjahres:

Abteilung 1	(Nahrungsmittel, alkoholfreie Getränke)	124,02 Euro
Abteilung 3	(Bekleidung und Schuhe)	37,21 Euro
Abteilung 4	(Wohnen, Energie und Wohnungsinstandhaltung)	15,34 Euro
Abteilung 5	(Innenausstattung, Haushaltsgeräte und -gegenstände)	14,72 Euro
Abteilung 6	(Gesundheitspflege)	6,56 Euro
Abteilung 7	(Verkehr)	12,62 Euro
Abteilung 8	(Nachrichtenübermittlung)	15,79 Euro
Abteilung 9	(Freizeit, Unterhaltung, Kultur)	31,41 Euro
Abteilung 10	(Bildung)	0,29 Euro
Abteilung 11	(Beherbergungs- und Gaststättendienstleistungen)	4,78 Euro
Abteilung 12	(Andere Waren und Dienstleistungen)	10,88 Euro

(2) Die Summe der regelbedarfsrelevanten Verbrauchsausgaben, die im Familienhaushalt Kindern und Jugendlichen zugerechnet werden, beträgt

1. nach Absatz 1 Nummer 1 für Kinder bis zur Vollendung des sechsten Lebensjahres 211,69 Euro,

2. nach Absatz 1 Nummer 2 für Kinder vom Beginn des siebten bis zur Vollendung des 14. Lebensjahres 240,32 Euro und

3. nach Absatz 1 Nummer 3 für Jugendliche vom Beginn des 15. bis zur Vollendung des 18. Lebensjahres 273,62 Euro.

§ 7 Fortschreibung der regelbedarfsrelevanten Verbrauchsausgaben

(1) Die Summen der für das Jahr 2008 ermittelten regelbedarfsrelevanten Verbrauchsausgaben nach § 5 Absatz 2 und § 6 Absatz 2 werden entsprechend der Fortschreibung der Regelbedarfsstufen nach § 28a des Zwölften Buches Sozialgesetzbuch fortgeschrieben.

(2) Abweichend von § 28a Absatz 2 des Zwölften Buches Sozialgesetzbuch bestimmt sich die Veränderung des Mischindexes für die Anpassung zum 1. Januar 2011 aus den Jahresdurchschnittswerten des Jahres 2009 gegenüber dem Jahr 2008. Die Veränderungsrate beträgt 0,55 Prozent.

(3) Aufgrund der Fortschreibung nach Absatz 2 und in Anwendung der Rundungsregelung nach § 28 Absatz 4 Satz 5 des Zwölften Buches Sozialgesetzbuch beläuft sich die Summe der regelbedarfsrelevanten Verbrauchsausgaben für Erwachsene nach § 5 Absatz 2 auf 364 Euro.

(4) Aufgrund der Fortschreibung nach Absatz 2 und in Anwendung der Rundungsregelung nach § 28 Absatz 4 Satz 5 des Zwölften Buches Sozialgesetzbuch beläuft sich die Summe der regelbedarfsrelevanten Verbrauchsausgaben für Kinder und Jugendliche nach

1. § 6 Absatz 2 Nummer 1 auf 213 Euro,
2. § 6 Absatz 2 Nummer 2 auf 242 Euro und
3. § 6 Absatz 2 Nummer 3 auf 275 Euro.

§ 8 Regelbedarfsstufen

(1) Die Regelbedarfsstufen nach der Anlage zu § 28 des Zwölften Buches Sozialgesetzbuch belaufen sich

1. in der Regelbedarfsstufe 1 auf 364 Euro für eine erwachsene leistungsberechtigte Person, die als alleinstehende oder alleinerziehende Person einen eigenen Haushalt führt; dies gilt auch dann, wenn in diesem Haushalt eine oder mehrere weitere erwachsene Personen leben, die der Regelbedarfsstufe 3 zuzuordnen sind,

2. in der Regelbedarfsstufe 2 jeweils auf 328 Euro für zwei erwachsene Leistungsberechtigte, die als Ehegatten, Lebenspartner, in eheähnlicher oder lebenspartnerschaftsähnlicher Gemeinschaft einen gemeinsamen Haushalt führen,

3. in der Regelbedarfsstufe 3 auf 291 Euro für eine erwachsene leistungsberechtigte Person, die weder einen eigenen Haushalt führt, noch als Ehegatte, Lebenspartner oder in eheähnlicher oder lebenspartnerschaftsähnlicher Gemeinschaft einen gemeinsamen Haushalt führt,

4. in der Regelbedarfsstufe 4 auf 275 Euro für eine leistungsberechtigte Jugendliche oder einen leistungsberechtigten Jugendlichen vom Beginn des 15. bis zur Vollendung des 18. Lebensjahres,

5. in der Regelbedarfsstufe 5 auf 242 Euro für ein leistungsberechtigtes Kind vom Beginn des siebten bis zur Vollendung des 14. Lebensjahres und

6. in der Regelbedarfsstufe 6 auf 213 Euro für ein leistungsberechtigtes Kind bis zur Vollendung des sechsten Lebensjahres.

(2) Für die Regelbedarfsstufen 4 bis 6 tritt zum 1. Januar 2011 in der Anlage zu § 28 des Zwölften Buches Sozialgesetzbuch an die Stelle der Beträge nach Absatz 1 Nummer 4 bis 6

1. für die Regelbedarfsstufe 4 der Betrag von 287 Euro,
2. für die Regelbedarfsstufe 5 der Betrag von 251 Euro,
3. für die Regelbedarfsstufe 6 der Betrag von 215 Euro.

§ 9 Eigenanteil für die gemeinschaftliche Mittagsverpflegung

Für die gemeinschaftliche Mittagsverpflegung für Schülerinnen und Schüler nach § 34 Absatz 6 des Zwölften Buches Sozialgesetzbuch wird zur Ermittlung der Mehraufwendungen je Schultag für die ersparten häuslichen Verbrauchsausgaben für ein Mittagessen (Eigenanteil) ein Betrag von einem Euro berücksichtigt. Für Kinder, die eine Kindertageseinrichtung besuchen, gilt Satz 1 entsprechend.

§ 10 Weiterentwicklung der Regelbedarfs-Ermittlung

(1) Für die nach § 28 des Zwölften Buches Sozialgesetzbuch vorzunehmenden Sonderauswertungen auf der Grundlage der Einkommens- und Verbrauchsstichprobe 2013 hat das Bundesministerium für Arbeit und Soziales dem Deutschen Bundestag bis zum 1. Juli 2013 einen unter Mitwirkung des Statistischen Bundesamtes sowie von Sachverständigen zu erstellenden Bericht über die Weiterentwicklung der für die Ermittlung von Regelbedarfen anzuwendenden Methodik vorzulegen.

(2) Das Bundesministerium für Arbeit und Soziales hat in dem Bericht Vorschläge für Weiterentwicklungen in folgenden Teilbereichen der Ermittlung von Regelbedarfen zu unterbreiten:

1. für die Abgrenzung der Referenzhaushalte nach § 3 Absatz 1 hinsichtlich der Bestimmung von Haushalten der Einkommens- und Verbrauchsstichprobe, die nicht als Referenzhaushalte zu berücksichtigen sind, weil deren eigene Mittel nicht zur Deckung des jeweils zu unterstellenden Bedarfs nach dem Zweiten oder Zwölften Buch Sozialgesetzbuch ausreichen;

2. für die Überprüfung und Weiterentwicklung der Verteilungsschlüssel hinsichtlich der Verteilung der Verbrauchsausgaben von Familienhaushalten nach § 2 Nummer 2 auf Kinder und Jugendliche als Grundlage für die Ermittlung von regelbedarfsrelevanten Verbrauchsausgaben nach § 6 und die danach vorzunehmende Bestimmung von Regelbedarfsstufen für Kinder und Jugendliche;

3. für die Ermittlung von regelbedarfsrelevanten Verbrauchsausgaben von Erwachsenen, die in einem Mehrpersonenhaushalt leben, als Grundlage für die Ermittlung von Regelbedarfen und die danach vorzunehmende Bestimmung von Regelbedarfsstufen für Erwachsene, die nicht in einem Einpersonenhaushalt leben.

4 Verordnungen

4

Verordnung nach § 60 des Zwölften Buches Sozialgesetzbuch (Eingliederungshilfe-Verordnung)

in der Fassung der Bekanntmachung
vom 1. Februar 1975 (BGBl. I S. 433)

Zuletzt geändert durch Gesetz vom 27. Dezember 2003 (BGBl. I S. 3022)

Abschnitt I
Personenkreis

§ 1 Körperlich wesentlich behinderte Menschen

Durch körperliche Gebrechen wesentlich in ihrer Teilhabefähigkeit eingeschränkt im Sinne des § 53 Abs. 1 Satz 1 des Zwölften Buches Sozialgesetzbuch sind

1. Personen, deren Bewegungsfähigkeit durch eine Beeinträchtigung des Stütz- oder Bewegungssystems in erheblichem Umfange eingeschränkt ist,

2. Personen mit erheblichen Spaltbildungen des Gesichts oder des Rumpfes oder mit abstoßend wirkenden Entstellungen vor allem des Gesichts,

3. Personen, deren körperlichen Leistungsvermögen infolge Erkrankung, Schädigung oder Fehlfunktion eines inneren Organs oder der Haut in erheblichem Umfange eingeschränkt ist,

4. Blinden oder solchen Sehbehinderten, bei denen mit Gläserkorrektion ohne besondere optische Hilfsmittel

   a) auf dem besseren Auge oder beidäugig im Nahbereich bei einem Abstand von mindestens 30 cm oder im Fernbereich eine Sehschärfe von nicht mehr als 0,3 besteht oder

   b) durch Buchstabe a nicht erfaßte Störungen der Sehfunktion von entsprechendem Schweregrad vorliegen,

5. Personen, die gehörlos sind oder denen eine sprachliche Verständigung über das Gehör nur mit Hörhilfen möglich ist,

6. Personen, die nicht sprechen können, Seelentauben und Hörstummen, Personen mit erheblichen Stimmstörungen sowie Personen, die stark stammeln, stark stottern oder deren Sprache stark unartikuliert ist.

§ 2 Geistig wesentlich behinderte Menschen

Geistig wesentlich behindert im Sinne des § 53 Abs. 1 Satz 1 des Zwölften Buches Sozialgesetzbuch sind Personen, die infolge einer Schwäche ihrer geistigen Kräfte in erheblichem Umfange in ihrer Fähigkeit zur Teilhabe am Leben in der Gesellschaft eingeschränkt sind.

§ 3 Seelisch wesentlich behinderte Menschen

Seelische Störungen, die eine wesentliche Einschränkung der Teilhabefähigkeit im Sinne des § 53 Abs. 1 Satz 1 des Zwölften Buches Sozialgesetzbuch zur Folge haben können, sind

1. körperlich nicht begründbare Psychosen,

2. seelische Störungen als Folge von Krankheiten oder Verletzungen des Gehirns, von Anfallsleiden oder von anderen Krankheiten oder körperlichen Beeinträchtigungen,

3. Suchtkrankheiten,

4. Neurosen und Persönlichkeitsstörungen.

§ 4 (weggefallen)

§ 5 (weggefallen)

Abschnitt II
Leistungen der Eingliederungshilfe

§ 6 Rehabilitationssport

Zu den Leistungen der medizinischen Rehabilitation im Sinne des § 54 Abs. 1 Satz 1 des Zwölften Buches Sozialgesetzbuch in Verbindung mit § 26 des Neunten Buches Sozialgesetzbuch gehört auch ärztlich verordneter Rehabilitationssport in Gruppen unter ärztlicher Betreuung und Überwachung.

§ 7 (weggefallen)

4

§ 8 Hilfe zur Beschaffung eines Kraftfahrzeuges

(1) Die Hilfe zur Beschaffung eines Kraftfahrzeuges gilt als Leistung zur Teilhabe am Arbeitsleben und zur Teilhabe am Leben in der Gemeinschaft im Sinne des § 54 Abs. 1 Satz 1 des Zwölften Buches Sozialgesetzbuch in Verbindung mit den §§ 33 und 55 des Neunten Buches Sozialgesetzbuch. Sie wird in angemessenem Umfang gewährt, wenn der behinderte Mensch wegen Art oder Schwere seiner Behinderung insbesondere zur Teilhabe am Arbeitsleben auf die Benutzung eines Kraftfahrzeuges angewiesen ist; bei Teilhabe am Arbeitsleben findet die Kraftfahrzeughilfe-Verordnung Anwendung.

(2) Die Hilfe nach Absatz 1 kann auch als Darlehen gewährt werden.

(3) Die Hilfe nach Absatz 1 ist in der Regel davon abhängig, daß der Behinderte das Kraftfahrzeug selbst bedienen kann.

(4) Eine erneute Hilfe zur Beschaffung eines Kraftfahrzeuges soll in der Regel nicht vor Ablauf von 5 Jahren nach Gewährung der letzten Hilfe gewährt werden.

§ 9 Andere Hilfsmittel

(1) Andere Hilfsmittel im Sinne des § 54 Abs. 1 Satz 1 des Zwölften Buches Sozialgesetzbuch in Verbindung mit den §§ 26, 33 und 55 des Neunten Buches Sozialgesetzbuch sind nur solche Hilfsmittel, die dazu bestimmt sind, zum Ausgleich der durch die Behinderung bedingten Mängel beizutragen.

(2) Zu den anderen Hilfsmitteln im Sinne des Absatzes 1 gehören auch

1. Schreibmaschinen für Blinde, Ohnhänder und solche behinderte Menschen, die wegen Art und Schwere ihrer Behinderung auf eine Schreibmaschine angewiesen sind,

2. Verständigungsgeräte für Taubblinde,

3. Blindenschrift-Bogenmaschinen,

4. Blindenuhren mit Zubehör, Blindenweckuhren,

5. Tonbandgeräte mit Zubehör für Blinde,

6. Blindenführhunde mit Zubehör,

7. besondere optische Hilfsmittel, vor allem Fernrohrlupenbrillen,

8. Hörgeräte, Hörtrainer,

9. Weckuhren für hörbehinderte Menschen,

10. Sprachübungsgeräte für sprachbehinderte Menschen,

11. besondere Bedienungseinrichtungen und Zusatzgeräte für Kraftfahrzeuge, wenn der behinderte Mensch wegen Art und Schwere seiner Behinderung auf ein Kraftfahrzeug angewiesen ist,

12. Gebrauchsgegenstände des täglichen Lebens und zur nichtberuflichen Verwendung bestimmte Hilfsgeräte für behinderte Menschen, wenn der behinderte Mensch wegen Art und Schwere seiner Behinderung auf diese Gegenstände angewiesen ist.

(3) Die Versorgung mit einem anderen Hilfsmittel im Sinne des § 54 Abs. 1 Satz 1 des Zwölften Buches Sozialgesetzbuch in Verbindung mit den §§ 26, 33 und 55 des Neunten Buches Sozialgesetzbuch wird nur gewährt, wenn das Hilfsmittel im Einzelfall erforderlich und geeignet ist, zu dem in Absatz 1 genannten Ausgleich beizutragen, und wenn der behinderte Mensch das Hilfsmittel bedienen kann.

§ 10 Umfang der Versorgung mit Körperersatzstücken, orthopädischen oder anderen Hilfsmitteln

(1) Zu der Versorgung mit Körperersatzstücken sowie mit orthopädischen oder anderen Hilfsmitteln im Sinne des § 54 Abs. 1 Satz 1 des Zwölften Buches Sozialgesetzbuch in Verbindung mit den §§ 26, 33 und 55 des Neunten Buches Sozialgesetzbuch gehört auch eine notwendige Unterweisung in ihrem Gebrauch.

(2) Soweit im Einzelfall erforderlich, wird eine Doppelausstattung mit Körperersatzstücken, orthopädischen oder anderen Hilfsmitteln gewährt.

(3) Zu der Versorgung mit Körperersatzstücken sowie mit orthopädischen oder anderen Hilfsmitteln gehört auch deren notwendige Instandhaltung oder Änderung. Die Versorgung mit einem anderen Hilfsmittel umfaßt auch ein Futtergeld für einen Blindenführhund in Höhe des Betrages, den blinde Beschädigte nach dem Bundesversorgungs-

gesetz zum Unterhalt eines Führhundes erhalten, sowie die Kosten für die notwendige tierärztliche Behandlung des Führhundes und für eine angemessene Haftpflichtversicherung, soweit die Beiträge hierfür nicht nach § 82 Abs. 2 Nr. 3 des Zwölften Buches Sozialgesetzbuch vom Einkommen abzusetzen sind.

(4) Eine erneute Versorgung wird gewährt, wenn sie infolge der körperlichen Entwicklung des Behinderten notwendig oder wenn aus anderen Gründen das Körperersatzstück oder Hilfsmittel ungeeignet oder unbrauchbar geworden ist.

(5) (weggefallen)

(6) Als Versorgung kann Hilfe in angemessenem Umfange auch zur Erlangung der Fahrerlaubnis, zur Instandhaltung sowie durch Übernahme von Betriebskosten eines Kraftfahrzeuges gewährt werden, wenn der behinderte Mensch wegen seiner Behinderung auf die regelmäßige Benutzung eines Kraftfahrzeuges angewiesen ist oder angewiesen sein wird.

§ 11 (weggefallen)

§ 12 Schulbildung

Die Hilfe zu einer angemessenen Schulbildung im Sinne des § 54 Abs. 1 Satz 1 Nr. 1 des Zwölften Buches Sozialgesetzbuch umfaßt auch

1. heilpädagogische sowie sonstige Maßnahmen zugunsten körperlich und geistig behinderter Kinder und Jugendlicher, wenn die Maßnahmen erforderlich und geeignet sind, dem behinderten Menschen den Schulbesuch im Rahmen der allgemeinen Schulpflicht zu ermöglichen oder zu erleichtern,

2. Maßnahmen der Schulbildung zugunsten körperlich und geistig behinderter Kinder und Jugendlicher, wenn die Maßnahmen erforderlich und geeignet sind, dem behinderten Menschen eine im Rahmen der allgemeinen Schulpflicht üblicherweise erreichbare Bildung zu ermöglichen,

3. Hilfe zum Besuch einer Realschule, eines Gymnasiums, einer Fachoberschule oder einer Ausbildungsstätte, deren Ausbildungsabschluß dem einer der oben ge-

nannten Schulen gleichgestellt ist, oder, soweit im Einzelfalle der Besuch einer solchen Schule oder Ausbildungsstätte nicht zumutbar ist, sonstige Hilfe zur Vermittlung einer entsprechenden Schulbildung; die Hilfe wird nur gewährt, wenn nach den Fähigkeiten und den Leistungen des behinderten Menschen zu erwarten ist, daß er das Bildungsziel erreichen wird.

§ 13 Schulische Ausbildung für einen Beruf

(1) Die Hilfe zur schulischen Ausbildung für einen angemessenen Beruf im Sinne des § 54 Abs. 1 Satz 1 Nr. 2 des Zwölften Buches Sozialgesetzbuch umfaßt vor allem Hilfe

1. (weggefallen)

2. zur Ausbildung an einer Berufsfachschule,

3. zur Ausbildung an einer Berufsaufbauschule,

4. zur Ausbildung an einer Fachschule oder höheren Fachschule,

5. zur Ausbildung an einer Hochschule oder einer Akademie,

6. zum Besuch sonstiger öffentlicher, staatlich anerkannter oder staatlich genehmigter schulischer Ausbildungsstätten,

7. zur Ableistung eines Praktikums, das Voraussetzung für den Besuch einer Fachschule oder einer Hochschule oder für die Berufszulassung ist,

8. zur Teilnahme am Fernunterricht; § 86 des Dritten Buches Sozialgesetzbuch gilt entsprechend,

9. zur Teilnahme an Maßnahmen, die geboten sind, um die schulische Ausbildung für einen angemessenen Beruf vorzubereiten.

(2) Die Hilfe nach Absatz 1 wird gewährt, wenn

1. zu erwarten ist, dass das Ziel der Ausbildung oder der Vorbereitungsmaßnahmen erreicht wird,

2. der beabsichtigte Ausbildungsweg erforderlich ist,

3. der Beruf oder die Tätigkeit voraussichtlich eine ausreichende Lebensgrundlage bieten oder, falls dies wegen Art oder Schwere der Behinderung nicht möglich ist, zur

Lebensgrundlage in angemessenem Umfang beitragen wird.

§ 13a Ausbildung für eine sonstige angemessene Tätigkeit

Hilfe zur Ausbildung für eine sonstige angemessene Tätigkeit im Sinne des § 54 Abs. 1 Satz 1 des Zwölften Buches Sozialgesetzbuch in Verbindung mit den §§ 33 und 41 des Neunten Buches Sozialgesetzbuch sowie der Hilfe im Sinne des § 54 Abs. 1 Satz 1 Nr. 3 des Zwölften Buches Sozialgesetzbuch wird insbesondere gewährt, wenn die Ausbildung für einen Beruf aus besonderen Gründen, vor allem wegen Art und Schwere der Behinderung, unterbleibt. § 13 Abs. 2 gilt entsprechend.

§ 14 (weggefallen)

§ 15 (weggefallen)

§ 16 Allgemeine Ausbildung

Zu den Maßnahmen der Eingliederungshilfe für behinderte Menschen gehören auch

1. die blindentechnische Grundausbildung,
2. Kurse und ähnliche Maßnahmen zugunsten der in § 1 Nr. 5 und 6 genannten Personen, wenn die Maßnahmen erforderlich und geeignet sind, die Verständigung mit anderen Personen zu ermöglichen oder zu erleichtern,
3. hauswirtschaftliche Lehrgänge, die erforderlich und geeignet sind, dem behinderten Menschen die Besorgung des Haushalts ganz oder teilweise zu ermöglichen,
4. Lehrgänge und ähnliche Maßnahmen, die erforderlich und geeignet sind, den behinderten Menschen zu befähigen, sich ohne fremde Hilfe sicher im Verkehr zu bewegen.

§ 17 Eingliederung in das Arbeitsleben

(1) Zu der Hilfe im Sinne des § 54 Abs. 1 Satz 1 des Zwölften Buches Sozialgesetzbuch in Verbindung mit den §§ 33 und 41 des Neunten Buches Sozialgesetzbuch sowie der Hilfe im Sinne des § 54 Abs. 1 Satz 1 Nr. 5 des Zwölften Buches Sozialgesetzbuch gehören auch die Hilfe zur Beschaffung von Gegen-

ständen sowie andere Leistungen, wenn sie wegen der Behinderung zur Aufnahme oder Fortsetzung einer angemessenen Beschäftigung im Arbeitsleben erforderlich sind; für die Hilfe zur Beschaffung eines Kraftfahrzeuges ist § 8, für die Hilfe zur Beschaffung von Gegenständen, die zugleich Gegenstände im Sinne des § 9 Abs. 2 Nr. 12 sind, ist § 9 maßgebend. Die Hilfe nach Satz 1 kann auch als Darlehen gewährt werden.

(2) Hilfe in einer sonstigen Beschäftigungsstätte nach § 56 des Zwölften Buches Sozialgesetzbuch können behinderte Menschen erhalten, die mindestens die Voraussetzungen zur Aufnahme in einer Werkstatt für behinderte Menschen (§ 137 des Neunten Buches Sozialgesetzbuch) erfüllen.

§ 18 (weggefallen)

§ 19 (weggefallen)

§ 20 Anleitung von Betreuungspersonen

Bedarf ein Behinderter wegen der Schwere der Behinderung in erheblichem Umfange der Betreuung, so gehört zu den Maßnahmen der Eingliederungshilfe auch, Personen, denen die Betreuung obliegt, mit den durch Art und Schwere der Behinderung bedingten Besonderheiten der Betreuung vertraut zu machen.

§ 21 (weggefallen)

§ 22 Kosten der Begleitpersonen

Erfordern die Maßnahmen der Eingliederungshilfe die Begleitung des behinderten Menschen, so gehören zu seinem Bedarf auch

1. die notwendigen Fahrtkosten und die sonstigen mit der Fahrt verbundenen notwendigen Auslagen der Begleitperson,
2. weitere Kosten der Begleitperson, soweit sie nach den Besonderheiten des Einzelfalles notwendig sind.

§ 23 Eingliederungsmaßnahmen im Ausland

Maßnahmen der Eingliederungshilfe für behinderte Menschen können auch im Ausland durchgeführt werden, wenn dies im Interesse der Eingliederung des behinderten Menschen

geboten ist, die Dauer der Eingliederungs-
maßnahmen durch den Auslandsaufenthalt
nicht wesentlich verlängert wird und keine
unvertretbaren Mehrkosten entstehen.

§ 24 Anhörung von Sachverständigen

Bei der Prüfung von Art und Umfang der in
Betracht kommenden Maßnahmen der Eingliederungshilfe sollen, soweit nach den Besonderheiten des Einzelfalles geboten, ein
Arzt, ein Pädagoge, jeweils der entsprechenden Fachrichtung, ein Psychologe oder sonstige sachverständige Personen gehört werden.

4

Verordnung zur Durchführung der Hilfe zur Überwindung besonderer sozialer Schwierigkeiten

in der Fassung der Bekanntmachung
vom 24. Januar 2001 (BGBl. I S. 179)

Zuletzt geändert durch Gesetz vom 27. Dezember 2003 (BGBl. I S. 3022)

4

Auf Grund des § 72 Abs. 5 des Bundessozialhilfegesetzes in der Fassung der Bekanntmachung vom 23. März 1994 (BGBl. I S. 646, 2975), der zuletzt geändert wurde durch Artikel 1 Nr. 4 des Gesetzes vom 25. Juni 1999 (BGBl. I S. 1442), in Verbindung mit Artikel 6 Abs. 1 des Gesetzes vom 16. Februar 1993 (BGBl. I S. 239), verordnet das Bundesministerium für Arbeit und Sozialordnung:

§ 1 Persönliche Voraussetzungen

(1) Personen leben in besonderen sozialen Schwierigkeiten, wenn besondere Lebensverhältnisse derart mit sozialen Schwierigkeiten verbunden sind, dass die Überwindung der besonderen Lebensverhältnisse auch die Überwindung der sozialen Schwierigkeiten erfordert. Nachgehende Hilfe ist Personen zu gewähren, soweit bei ihnen nur durch Hilfe nach dieser Verordnung der drohende Wiedereintritt besonderer sozialer Schwierigkeiten abgewendet werden kann.

(2) Besondere Lebensverhältnisse bestehen bei fehlender oder nicht ausreichender Wohnung, bei ungesicherter wirtschaftlicher Lebensgrundlage, bei gewaltgeprägten Lebensumständen, bei Entlassung aus einer geschlossenen Einrichtung oder bei vergleichbaren nachteiligen Umständen. Besondere Lebensverhältnisse können ihre Ursachen in äußeren Umständen oder in der Person der Hilfesuchenden haben.

(3) Soziale Schwierigkeiten liegen vor, wenn ein Leben in der Gemeinschaft durch ausgrenzendes Verhalten des Hilfesuchenden oder eines Dritten wesentlich eingeschränkt ist, insbesondere im Zusammenhang mit der Erhaltung oder Beschaffung einer Wohnung, mit der Erlangung oder Sicherung eines Arbeitsplatzes, mit familiären oder anderen sozialen Beziehungen oder mit Straffälligkeit.

§ 2 Art und Umfang der Maßnahmen

(1) Art und Umfang der Maßnahmen richten sich nach dem Ziel, die Hilfesuchenden zur Selbsthilfe zu befähigen, die Teilnahme am Leben in der Gemeinschaft zu ermöglichen und die Führung eines menschenwürdigen Lebens zu sichern. Durch Unterstützung der Hilfesuchenden zur selbständigen Bewältigung ihrer besonderen sozialen Schwierigkeiten sollen sie in die Lage versetzt werden, ihr Leben entsprechend ihren Bedürfnissen, Wünschen und Fähigkeiten zu organisieren und selbstverantwortlich zu gestalten. Dabei ist auch zu berücksichtigen, dass Hilfesuchende verpflichtet sind, nach eigenen Kräften an der Überwindung der besonderen sozialen Schwierigkeiten mitzuwirken. Auf Leistungen anderer Stellen oder nach anderen Vorschriften des Zwölften Buches Sozialgesetzbuch, die im Sinne dieser Verordnung geeignet sind, ist hinzuwirken; die Regelungen über Erstattungsansprüche der Leistungsträger untereinander gemäß §§ 102 bis 114 des Zehnten Buches Sozialgesetzbuch finden insoweit auch zwischen Trägern der Sozialhilfe Anwendung.

(2) Maßnahmen sind die Dienst-, Geld- und Sachleistungen, die notwendig sind, um die besonderen sozialen Schwierigkeiten nachhaltig abzuwenden, zu beseitigen, zu mildern oder ihre Verschlimmerung zu verhüten. Vorrangig sind als Hilfe zur Selbsthilfe Dienstleistungen der Beratung und persönlichen Unterstützung für die Hilfesuchenden und für ihre Angehörigen, bei der Erhaltung und Beschaffung einer Wohnung, bei der Vermittlung in Ausbildung, bei der Erlangung und Sicherung eines Arbeitsplatzes sowie bei Aufbau und Aufrechterhaltung sozialer Beziehungen und der Gestaltung des Alltags. Bei der Hilfe sind geschlechts- und altersbedingte Besonderhei-

ten sowie besondere Fähigkeiten und Neigungen zu berücksichtigen.

(3) Bei der Ermittlung und Feststellung des Hilfebedarfs sowie bei der Erstellung und Fortschreibung eines Gesamtplanes sollen die Hilfesuchenden unter Berücksichtigung der vorhandenen Kräfte und Fähigkeiten beteiligt werden. Wird ein Gesamtplan erstellt, sind der ermittelte Bedarf und die dem Bedarf entsprechenden Maßnahmen der Hilfe zu benennen und anzugeben, in welchem Verhältnis zueinander sie verwirklicht werden sollen. Dabei ist der verbundene Einsatz der unterschiedlichen Hilfen nach dem Zwölften Buch Sozialgesetzbuch und nach anderen Leistungsgesetzen anzustreben. Soweit es erforderlich ist, wirkt der Träger der Sozialhilfe mit anderen am Einzelfall Beteiligten zusammen; bei Personen vor Vollendung des 21. Lebensjahres ist ein Zusammenwirken mit dem Träger der öffentlichen Jugendhilfe erforderlich.

(4) Gesamtplan und Maßnahmen sind zu überprüfen, sobald Umstände die Annahme rechtfertigen, dass die Hilfe nicht oder nicht mehr zielgerecht ausgestaltet ist oder Hilfesuchende nicht nach ihren Kräften mitwirken.

(5) In stationären Einrichtungen soll die Hilfe nur befristet und nur dann gewährt werden, wenn eine verfügbare ambulante oder teilstationäre Hilfe nicht geeignet und die stationäre Hilfe Teil eines Gesamtplanes ist, an dessen Erstellung der für die stationäre Hilfe zuständige Träger der Sozialhilfe beteiligt war. Ist die Erstellung eines Gesamtplanes vor Beginn der Hilfe nicht möglich, hat sie unverzüglich danach zu erfolgen. Die Hilfe ist spätestens nach jeweils sechs Monaten zu überprüfen. Frauenhäuser sind keine Einrichtungen im Sinne von Satz 1; ambulante Maßnahmen nach den §§ 3 bis 6 werden durch den Aufenthalt in einem Frauenhaus nicht ausgeschlossen.

§ 3 Beratung und persönliche Unterstützung

(1) Zur Beratung und persönlichen Unterstützung gehört es vor allem, den Hilfebedarf zu ermitteln, die Ursachen der besonderen Lebensumstände sowie der sozialen Schwierig-

keiten festzustellen, sie bewusst zu machen, über die zur Überwindung der besonderen Lebensverhältnisse und sozialen Schwierigkeiten in Betracht kommenden Maßnahmen und geeigneten Hilfeangebote und -organisationen zu unterrichten, diese soweit erforderlich zu vermitteln und ihre Inanspruchnahme und Wirksamkeit zu fördern.

(2) Beratung und persönliche Unterstützung müssen darauf ausgerichtet sein, die Bereitschaft und Fähigkeit zu erhalten und zu entwickeln, bei der Überwindung der besonderen sozialen Schwierigkeiten nach Kräften mitzuwirken und so weit wie möglich unabhängig von Sozialhilfe zu leben. Sie sollen auch erforderliche Hilfestellungen bei der Inanspruchnahme in Betracht kommender Sozialleistungen, bei der Inanspruchnahme von Schuldnerberatung oder bei der Erledigung von Angelegenheiten mit Behörden und Gerichten umfassen.

(3) Soweit es im Einzelfall erforderlich ist, erstreckt sich die persönliche Unterstützung auch darauf, in der Umgebung des Hilfesuchenden

1. Verständnis für die Art der besonderen Lebensverhältnisse und die damit verbundenen sozialen Schwierigkeiten zu wecken und Vorurteilen entgegenzuwirken,

2. Einflüssen zu begegnen, welche die Bemühungen und Fähigkeiten zur Überwindung besonderer sozialer Schwierigkeiten beeinträchtigen.

(4) Beratung und persönliche Unterstützung kann auch in Gruppen gewährt werden, wenn diese Art der Hilfegewährung geeignet ist, den Erfolg der Maßnahmen herbeizuführen.

§ 4 Erhaltung und Beschaffung einer Wohnung

(1) Maßnahmen zur Erhaltung und Beschaffung einer Wohnung sind vor allem die erforderliche Beratung und persönliche Unterstützung.

(2) Soweit es Maßnahmen nach Absatz 1 erfordern, umfasst die Hilfe auch sonstige Leistungen zur Erhaltung und Beschaffung einer Wohnung nach dem Dritten Kapitel des

Zwölften Buches Sozialgesetzbuch, insbesondere nach § 34.

(3) Maßnahmen der Gefahrenabwehr lassen den Anspruch auf Hilfe zur Überwindung besonderer sozialer Schwierigkeiten bei der Erhaltung und Beschaffung einer Wohnung unberührt.

§ 5 Ausbildung, Erlangung und Sicherung eines Arbeitsplatzes

(1) Die Hilfe zur Ausbildung sowie zur Erlangung und Sicherung eines Arbeitsplatzes umfasst, wenn andere arbeits- und beschäftigungswirksame Maßnahmen im Einzelfall nicht in Betracht kommen, vor allem Maßnahmen, die darauf gerichtet sind, die Fähigkeiten und Fertigkeiten sowie die Bereitschaft zu erhalten und zu entwickeln, einer regelmäßigen Erwerbstätigkeit nachzugehen und den Lebensunterhalt für sich und Angehörige aus Erwerbseinkommen zu bestreiten.

(2) Zu den Maßnahmen können vor allem solche gehören, die

1. dem drohenden Verlust eines Ausbildungs- oder Arbeitsplatzes entgegenwirken,
2. es ermöglichen, den Ausbildungsabschluss allgemeinbildender Schulen nachzuholen und die für die Ausübung einer Erwerbstätigkeit auf dem allgemeinen Arbeitsmarkt notwendigen Fähigkeiten und Fertigkeiten zu erwerben,
3. eine Ausbildung für einen angemessenen Beruf ermöglichen,
4. der Erlangung und Sicherung eines geeigneten Arbeitsplatzes oder einer sonstigen angemessenen Tätigkeit dienen,
5. den Abschluss sozialversicherungspflichtiger Beschäftigungsverhältnisse ermöglichen oder den Aufbau einer Lebensgrundlage durch selbständige Tätigkeit zu fördern.

§ 6 Hilfe zum Aufbau und zur Aufrechterhaltung sozialer Beziehungen und zur Gestaltung des Alltags

Zu den Maßnahmen im Sinne des § 68 Abs. 1 des Zwölften Buches Sozialgesetzbuch gehört auch Hilfe zum Aufbau und zur Aufrechterhaltung sozialer Beziehungen und zur Gestaltung des Alltags. Sie umfasst vor allem Maßnahmen der persönlichen Hilfe, die

1. die Begegnung und dem Umgang mit anderen Personen,
2. eine aktive Gestaltung, Strukturierung und Bewältigung des Alltags,
3. eine wirtschaftliche und gesundheitsbewusste Lebensweise,
4. den Besuch von Einrichtungen oder Veranstaltungen, die der Geselligkeit, der Unterhaltung oder kulturellen Zwecken dienen,
5. eine gesellige, sportliche oder kulturelle Betätigung

fördern oder ermöglichen.

§ 7 Inkrafttreten, Außerkrafttreten

Diese Verordnung tritt am ersten Tag des auf die Verkündung folgenden sechsten Kalendermonats in Kraft. Gleichzeitig tritt die Verordnung zur Durchführung des § 72 des Bundessozialhilfegesetzes vom 9. Juni 1976 (BGBl. I S. 1469), geändert durch Artikel 4 Abs. 5 des Gesetzes vom 16. Februar 1993 (BGBl. I S. 239), außer Kraft.

Verordnung zur Durchführung des § 82
des Zwölften Buches Sozialgesetzbuch

Vom 28. November 1962 (BGBl. I S. 692)

Zuletzt geändert durch Gesetz vom 21. März 2005 (BGBl. I S. 818)

Auf Grund des § 76 Abs. 3 des Bundessozialhilfegesetzes vom 30. Juni 1961 (Bundesgesetzbl. I S. 815) verordnet die Bundesregierung mit Zustimmung des Bundesrates:

§ 1 Einkommen

Bei der Berechnung der Einkünfte in Geld oder Geldeswert, die nach § 82 Abs. 1 des Zwölften Buches Sozialgesetzbuch zum Einkommen gehören, sind alle Einnahmen ohne Rücksicht auf ihre Herkunft und Rechtsnatur sowie ohne Rücksicht darauf, ob sie zu den Einkunftsarten im Sinne des Einkommensteuergesetzes gehören und ob sie der Steuerpflicht unterliegen, zugrunde zu legen.

§ 2 Bewertung von Sachbezügen

(1) Für die Bewertung von Einnahmen, die nicht in Geld bestehen (Kost, Wohnung und sonstige Sachbezüge), sind die auf Grund des § 17 Abs. 2 des Vierten Buches Sozialgesetzbuch für die Sozialversicherung zuletzt festgesetzten Werte der Sachbezüge maßgebend; soweit der Wert der Sachbezüge nicht festgesetzt ist, sind der Bewertung die üblichen Mittelpreise des Verbrauchsortes zu Grunde zu legen. Die Verpflichtung, den notwendigen Lebensunterhalt im Einzelfall nach dem Dritten Kapitel des Zwölften Buches Sozialgesetzbuch sicherzustellen, bleibt unberührt.

(2) Absatz 1 gilt auch dann, wenn in einem Tarifvertrag, einer Tarifordnung, einer Betriebs- oder Dienstordnung, einer Betriebsvereinbarung, einem Arbeitsvertrag oder einem sonstigen Vertrag andere Werte festgesetzt worden sind.

§ 3 Einkünfte aus nichtselbständiger Arbeit

(1) Welche Einkünfte zu den Einkünften aus nichtselbständiger Arbeit gehören, bestimmt sich nach § 19 Abs. 1 Ziff. 1 des Einkommensteuergesetzes.

(2) Als nichtselbständige Arbeit gilt auch die Arbeit, die in einer Familiengemeinschaft von einem Familienangehörigen des Betriebsinhabers gegen eine Vergütung geleistet wird. Wird die Arbeit nicht nur vorübergehend geleistet, so ist in Zweifelsfällen anzunehmen, daß der Familienangehörige eine Vergütung erhält, wie sie einem Gleichaltrigen für eine gleichartige Arbeit gleichen Umfangs in einem fremden Betrieb ortsüblich gewährt wird.

(3) Bei der Berechnung der Einkünfte ist von den monatlichen Bruttoeinnahmen auszugehen. Einmalige Einnahmen sind von dem Monat an zu berücksichtigen, in dem sie anfallen; sie sind, soweit nicht im Einzelfall eine andere Regelung angezeigt ist, auf einen angemessenen Zeitraum aufzuteilen und monatlich mit einem entsprechenden Teilbetrag anzusetzen. Satz 2 gilt auch für Sonderzuwendungen, Gratifikationen und gleichartige Bezüge und Vorteile, die in größeren als monatlichen Zeitabständen gewährt werden.

(4) Zu den mit der Erzielung der Einkünfte aus nichtselbständiger Arbeit verbundenen Ausgaben im Sinne des § 82 Abs. 2 Nr. 4 des Zwölften Buches Sozialgesetzbuch gehören vor allem

1. notwendige Aufwendungen für Arbeitsmittel,

2. notwendige Aufwendungen für Fahrten zwischen Wohnung und Arbeitsstätte,

3. notwendige Beiträge für Berufsverbände,

4. notwendige Mehraufwendungen infolge Führung eines doppelten Haushalts nach näherer Bestimmung des Absatzes 7.

Ausgaben im Sinne des Satzes 1 sind nur insoweit zu berücksichtigen, als sie von dem Bezieher des Einkommens selbst getragen werden.

4

(5) Als Aufwendungen für Arbeitsmittel (Absatz 4 Nr. 1) kann ein monatlicher Pauschbetrag von 5,20 Euro berücksichtigt werden, wenn nicht im Einzelfall höhere Aufwendungen nachgewiesen werden.

(6) Wird für die Fahrt zwischen Wohnung und Arbeitsstätte (Absatz 4 Nr. 2) ein eigenes Kraftfahrzeug benutzt, gilt folgendes:

1. Wäre bei Nichtvorhandensein eines Kraftfahrzeuges die Benutzung eines öffentlichen Verkehrsmittels notwendig, so ist ein Betrag in Höhe der Kosten der tariflich günstigsten Zeitkarte abzusetzen.

2. Ist ein öffentliches Verkehrsmittel nicht vorhanden oder dessen Benutzung im Einzelfall nicht zumutbar und deshalb die Benutzung eines Kraftfahrzeuges notwendig, so sind folgende monatliche Pauschbeträge abzusetzen:

a) bei Benutzung eines Kraftwagens 5,20 Euro,

b) bei Benutzung eines Kleinstkraftwagens (drei- oder vierrädriges Kraftfahrzeug, dessen Motor einen Hubraum von nicht mehr als 500 ccm hat) 3,70 Euro,

c) bei Benutzung eines Motorrades oder eines Motorrollers 2,30 Euro,

d) bei Benutzung eines Fahrrades mit Motor 1,30 Euro

für jeden vollen Kilometer, den die Wohnung von der Arbeitsstätte entfernt liegt, jedoch für nicht mehr als 40 Kilometer. Bei einer Beschäftigungsdauer von weniger als einem Monat sind die Beträge anteilmäßig zu kürzen.

(7) Ist der Bezieher des Einkommens außerhalb des Ortes beschäftigt, an dem er einen eigenen Hausstand unterhält, und kann ihm weder der Umzug noch die tägliche Rückkehr an den Ort des eigenen Hausstandes zugemutet werden, so sind die durch Führung des doppelten Haushalts ihm nachweislich entstehenden Mehraufwendungen, höchstens ein Betrag von 130 Euro monatlich, sowie die unter Ausnutzung bestehender Tarifvergünstigungen entstehenden Aufwendungen für Fahrtkosten der zweiten Wagenklasse für eine Familienheimfahrt im Kalendermonat abzusetzen. Ein eigener Hausstand ist dann anzunehmen, wenn der Bezieher des Einkommens eine Wohnung mit eigener oder selbstbeschaffter Möbelausstattung besitzt. Eine doppelte Haushaltsführung kann auch dann anerkannt werden, wenn der Bezieher des Einkommens nachweislich ganz oder überwiegend die Kosten für einen Haushalt trägt, den er gemeinsam mit nächsten Angehörigen führt.

§ 4 Einkünfte aus Land- und Forstwirtschaft, Gewerbebetrieb und selbständiger Arbeit

(1) Welche Einkünfte zu den Einkünften aus Land- und Forstwirtschaft, Gewerbebetrieb und selbständiger Arbeit gehören, bestimmt sich nach § 13 Abs. 1 und 2, § 15 Abs. 1 und § 18 Abs. 1 des Einkommensteuergesetzes; der Nutzungswert der Wohnung im eigenen Haus bleibt unberücksichtigt.

(2) Die Einkünfte sind für das Jahr zu berechnen, in dem der Bedarfszeitraum liegt (Berechnungsjahr).

(3) Als Einkünfte ist bei den einzelnen Einkunftsarten ein Betrag anzusetzen, der auf der Grundlage früherer Betriebsergebnisse aus der Gegenüberstellung der im Rahmen des Betriebes im Berechnungsjahr bereits erzielten Einnahmen und geleisteten notwendigen Ausgabe sowie der im Rahmen des Betriebes im Berechnungsjahr noch zu erwartenden Einnahmen und notwendigen Ausgaben zu errechnen ist. Bei der Ermittlung früherer Betriebsergebnisse (Satz 1) kann ein durch das Finanzamt festgestellter Gewinn berücksichtigt werden.

(4) Soweit im Einzelfall geboten, kann abweichend von der Regelung des Absatzes 3 als Einkünfte ein Betrag angesetzt werden, der nach Ablauf des Berechnungsjahres aus der Gegenüberstellung der im Rahmen des Betriebes im Berechnungsjahr erzielten Einnahmen und geleisteten notwendigen Ausgaben zu errechnen ist. Als Einkünfte im Sinne des Satzes 1 kann auch der vom Finanzamt für das Berechnungsjahr festgestellte Gewinn angesetzt werden.

(5) Wird der vom Finanzamt festgestellte Gewinn nach Absatz 3 Satz 2 berücksichtigt oder nach Absatz 4 Satz 2 als Einkünfte

angesetzt, so sind Absetzungen, die bei Gebäuden und sonstigen Wirtschaftsgütern durch das Finanzamt nach

1. den §§ 7, 7b und 7e des Einkommensteuergesetzes,

2. den Vorschriften des Berlinförderungsgesetzes,

3. den §§ 76, 77 und 78 Abs. 1 der Einkommensteuer-Durchführungsverordnung,

4. der Verordnung über Steuervergünstigungen zur Förderung des Baues von Landarbeiterwohnungen in der Fassung der Bekanntmachung vom 6. August 1974 (Bundesgesetzbl. I S. 1869)

vorgenommen worden sind, dem durch das Finanzamt festgestellten Gewinn wieder hinzuzurechnen. Soweit jedoch in diesen Fällen notwendige Ausgaben für die Anschaffung oder Herstellung der in Satz 1 genannten Wirtschaftsgüter im Feststellungszeitraum geleistet worden sind, sind sie vom Gewinn abzusetzen.

§ 5   Sondervorschrift für die Einkünfte aus Land- und Forstwirtschaft

(1) Die Träger der Sozialhilfe können mit Zustimmung der zuständigen Landesbehörde die Einkünfte aus Land- und Forstwirtschaft abweichend von § 4 nach § 7 der Dritten Verordnung über Ausgleichsleistungen nach dem Lastenausgleichsgesetz (3. LeistungsDV-LA) berechnen; der Nutzungswert der Wohnung im eigenen Haus bleibt jedoch unberücksichtigt.

(2) Von der Berechnung der Einkünfte nach Absatz 1 ist abzusehen,

1. wenn sie im Einzelfall offenbar nicht den besonderen persönlichen oder wirtschaftlichen Verhältnissen entspricht oder

2. wenn der Bezieher der Einkünfte zur Einkommensteuer veranlagt wird, es sei denn, daß der Gewinn auf Grund von Durchschnittssätzen ermittelt wird.

§ 6   Einkünfte aus Kapitalvermögen

(1) Welche Einkünfte zu den Einkünften aus Kapitalvermögen gehören, bestimmt sich nach § 20 Abs. 1 bis 3 des Einkommensteuergesetzes.

(2) Als Einkünfte aus Kapitalvermögen sind die Jahresroheinnahmen anzusetzen, vermindert um die Kapitalertragsteuer sowie um die mit der Erzielung der Einkünfte verbundenen notwendigen Ausgaben (§ 82 Abs. 2 Nr. 4 des Zwölften Buches Sozialgesetzbuch).

(3) Die Einkünfte sind auf der Grundlage der vor dem Berechnungsjahr erzielten Einkünfte unter Berücksichtigung der im Berechnungsjahr bereits eingetretenen und noch zu erwartenden Veränderungen zu errechnen. Soweit im Einzelfall geboten, können hiervon abweichend die Einkünfte für das Berechnungsjahr auch nachträglich errechnet werden.

§ 7   Einkünfte aus Vermietung und Verpachtung

(1) Welche Einkünfte zu den Einkünften aus Vermietung und Verpachtung gehören, bestimmt sich nach § 21 Abs. 1 und 3 des Einkommensteuergesetzes.

(2) Als Einkünfte aus Vermietung und Verpachtung ist der Überschuß der Einnahmen über die mit ihrer Erzielung verbundenen notwendigen Ausgaben (§ 82 Abs. 2 Nr. 4 des Zwölften Buches Sozialgesetzbuch) anzusetzen; zu den Ausgaben gehören

1. Schuldzinsen und dauernde Lasten,

2. Steuern vom Grundbesitz, sonstige öffentliche Abgaben und Versicherungsbeiträge,

3. Leistungen auf die Hypothekengewinnabgabe und die Kreditgewinnabgabe, soweit es sich um Zinsen nach § 211 Abs. 1 Nr. 2 des Lastenausgleichsgesetzes handelt,

4. der Erhaltungsaufwand,

5. sonstige Aufwendungen zur Bewirtschaftung des Haus- und Grundbesitzes, ohne besonderen Nachweis Aufwendungen in Höhe von 1 vom Hundert der Jahresroheinnahmen.

Zum Erhaltungsaufwand im Sinne des Satzes 1 Nr. 4 gehören die Ausgaben für Instandsetzung und Instandhaltung, nicht jedoch die Ausgaben für Verbesserungen; ohne Nachweis können bei Wohnungsgrundstücken, die vor dem 1. Januar 1925 bezugsfähig geworden sind, 15 vom Hundert, bei Wohnungsgrundstücken, die nach dem 31. Dezem-

4

ber 1924 bezugsfähig geworden sind, 10 vom Hundert der Jahresroheinnahmen als Erhaltungsaufwand berücksichtigt werden.

(3) Die in Absatz 2 genannten Ausgaben sind von den Einnahmen insoweit nicht abzusetzen, als sie auf den vom Vermieter oder Verpächter selbst genutzten Teil des vermieteten oder verpachteten Gegenstandes entfallen.

(4) Als Einkünfte aus der Vermietung von möblierten Wohnungen und von Zimmern sind anzusetzen

bei möblierten Wohnungen 80 vom Hundert,

bei möblierten Zimmern 70 vom Hundert,

bei Leerzimmern 90 vom Hundert

der Roheinnahmen. Dies gilt nicht, wenn geringe Einkünfte nachgewiesen werden.

(5) Die Einkünfte sind als Jahreseinkünfte, bei der Vermietung von möblierten Wohnungen und von Zimmern jedoch als Monatseinkünfte zu berechnen. Sind sie als Jahreseinkünfte zu berechnen, gilt § 6 Abs. 3 entsprechend.

§ 8 Andere Einkünfte

(1) Andere als die in den §§ 3, 4, 6 und 7 genannten Einkünfte sind, wenn sie nicht monatlich oder wenn sie monatlich in unterschiedlicher Höhe erzielt werden, als Jahreseinkünfte zu berechnen. Zu den anderen Einkünften im Sinne des Satzes 1 gehören auch die in § 19 Abs. 1 Ziff. 2 des Einkommensteuergesetzes genannten Bezüge sowie Renten und sonstige wiederkehrende Bezüge. § 3 Abs. 3 Satz 2 und 3 gilt entsprechend.

(2) Sind die Einkünfte als Jahreseinkünfte zu berechnen, gilt § 6 Abs. 3 entsprechend.

§ 9 Einkommensberechnung in besonderen Fällen

Ist der Bedarf an Sozialhilfe einmalig oder nur von kurzer Dauer und duldet die Entscheidung über die Hilfe keinen Aufschub, so kann der Träger der Sozialhilfe nach Anhörung des Beziehers des Einkommens die Einkünfte schätzen.

§ 10 Verlustausgleich

Ein Verlustausgleich zwischen einzelnen Einkunftsarten ist nicht vorzunehmen. In Härtefällen kann jedoch die gesamtwirtschaftliche Lage des Beziehers des Einkommens berücksichtigt werden.

§ 11 Maßgebender Zeitraum

(1) Soweit die Einkünfte als Jahreseinkünfte berechnet werden, gilt der zwölfte Teil dieser Einkünfte zusammen mit den monatlich berechneten Einkünften als monatliches Einkommen im Sinne des Zwölften Buches Sozialgesetzbuch. § 8 Abs. 1 Satz 3 geht der Regelung des Satzes 1 vor.

(2) Ist der Betrieb oder die sonstige Grundlage der als Jahreseinkünfte zu berechnenden Einkünfte nur während eines Teils vorhanden oder zur Einkommenserzielung genutzt, so sind die Einkünfte aus der betreffenden Einkunftsart nur für diesen Zeitraum zu berechnen; für ihn gilt als monatliches Einkommen im Sinne des Zwölften Buches Sozialgesetzbuch derjenige Teil der Einkünfte, der der Anzahl der in den genannten Zeitraum fallenden Monate entspricht. Satz 1 gilt nicht für Einkünfte aus Saisonbetrieben und andere ihrer Natur nach auf einen Teil des Jahres beschränkte Einkünfte, wenn die Einkünfte den Hauptbestandteil des Einkommens bilden.

§ 12 Ausgaben nach § 82 Abs. 2 Nr. 1 bis 3 des Zwölften Buches Sozialgesetzbuch

Die in § 82 Abs. 2 Nr. 1 bis 3 des Zwölften Buches Sozialgesetzbuch bezeichneten Ausgaben sind von der Summe der Einkünfte abzusetzen, soweit sie nicht bereits nach den Bestimmungen dieser Verordnung bei den einzelnen Einkunftsarten abzuziehen sind.

§ 13 (weggefallen)

§ 14 Inkrafttreten

Diese Verordnung tritt am 1. Januar 1963 in Kraft.

Verordnung zur Durchführung des § 90 Abs. 2 Nr. 9 des Zwölften Buches Sozialgesetzbuch

Vom 11. Februar 1988 (BGBl. I S. 150)

Zuletzt geändert durch Gesetz vom 27. Dezember 2003 (BGBl. I S. 3022)

Auf Grund des § 88 Abs. 4 des Bundessozialhilfegesetzes in der Fassung der Bekanntmachung vom 20. Januar 1987 (BGBl. I S. 401) wird mit Zustimmung des Bundesrates verordnet:

§ 1 (Freigrenzen)

(1) Kleinere Barbeträge oder sonstige Geldwerte im Sinne des § 90 Abs. 2 Nr. 9 des Zwölften Buches Sozialgesetzbuch sind,

1. wenn die Sozialhilfe vom Vermögen der nachfragenden Person abhängig ist,

   a) bei der Hilfe zum Lebensunterhalt nach dem Dritten Kapitel des Zwölften Buches Sozialgesetzbuch 1600 Euro, jedoch 2600 Euro bei nachfragenden Personen, die das 60. Lebensjahr vollendet haben, sowie bei voll Erwerbsgeminderten im Sinne der gesetzlichen Rentenversicherung und den diesem Personenkreis vergleichbaren Invalidenrentnern,

   b) bei den Leistungen nach dem Fünften bis Neunten Kapitel des Zwölften Buches Sozialgesetzbuch 2600 Euro, zuzüglich eines Betrages von 256 Euro für jede Person, die von der nachfragenden Person überwiegend unterhalten wird,

2. wenn die Sozialhilfe vom Vermögen der nachfragenden Person und ihres nicht getrennt lebenden Ehegatten oder Lebenspartners abhängig ist, der nach Nummer 1 Buchstabe a oder b maßgebende Betrag zuzüglich eines Betrages von 614 Euro für den Ehegatten oder Lebenspartner und eines Betrages von 256 Euro für jede Person, die von der nachfragenden Person, ihrem Ehegatten oder Lebenspartner überwiegend unterhalten wird,

3. wenn die Sozialhilfe vom Vermögen einer minderjährigen unverheirateten nachfragenden Person und ihrer Eltern abhängig ist, der nach Nummer 1 Buchstabe a oder b maßgebende Betrag zuzüglich

eines Betrages von 614 Euro für einen Elternteil und eines Betrages von 256 Euro für die nachfragende Person und für jede Person, die von den Eltern oder von der nachfragenden Person überwiegend unterhalten wird.

Im Falle des § 64 Abs. 3 und des § 72 des Zwölften Buches Sozialgesetzbuch tritt an die Stelle des in Satz 1 genannten Betrages von 614 Euro ein Betrag von 1534 Euro, wenn beide Eheleute oder beide Lebenspartner (Nummer 2) oder beide Elternteile (Nummer 3) die Voraussetzungen des § 72 Abs. 5 des Zwölften Buches Sozialgesetzbuch erfüllen oder so schwer behindert sind, dass sie als Beschädigte die Pflegezulage nach den Stufen III bis VI nach § 35 Abs. 1 Satz 2 des Bundesversorgungsgesetzes erhielten.

(2) Ist im Falle des Absatzes 1 Satz 1 Nr. 3 das Vermögen nur eines Elternteils zu berücksichtigen, so ist der Betrag von 614 Euro, im Falle des § 64 Abs. 3 und des § 72 des Zwölften Buches Sozialgesetzbuch von 1534 Euro, nicht anzusetzen. Leben im Falle von Leistungen nach dem Fünften bis Neunten Kapitel des Zwölften Buches Sozialgesetzbuch die Eltern nicht zusammen, so ist das Vermögen des Elternteils zu berücksichtigen, bei dem die nachfragende Person lebt; lebt sie bei keinem Elternteil, so ist Absatz 1 Satz 1 Nr. 1 anzuwenden.

§ 2 (Erhöhung im Einzelfall)

(1) Der nach § 1 Abs. 1 Satz 1 Nr. 1 Buchstabe a oder b maßgebende Betrag ist angemessen zu erhöhen, wenn im Einzelfall eine besondere Notlage der nachfragenden Person besteht. Bei der Prüfung, ob eine besondere Notlage besteht, sowie bei der Entscheidung über den Umfang der Erhöhung sind vor allem Art und Dauer des Bedarfs sowie besondere Belastungen zu berücksichtigen.

(2) Der nach § 1 Abs. 1 Satz 1 Nr. 1 Buchstabe a oder b maßgebende Betrag kann angemessen herabgesetzt werden, wenn die Voraussetzungen der §§ 103 oder 94 des Gesetzes vorliegen.

§ 3 (Überleitungsvorschrift)

Diese Verordnung gilt nach § 14 des Dritten Überleitungsgesetzes in Verbindung mit § 136 des Zwölften Buches Sozialgesetzbuch auch im Land Berlin.

§ 4 (Inkrafttreten)

4

Diese Verordnung tritt am 1. April 1988 in Kraft. Gleichzeitig tritt die Verordnung zur Durchführung des § 88 Abs. 2 Nr. 8 des Bundessozialhilfegesetzes vom 9. November 1970 (BGBl. I S. 1529), zuletzt geändert durch die Verordnung vom 6. Dezember 1979 (BGBl. I S. 2004) außer Kraft.

Verordnung zur Durchführung des § 17 Abs. 2 bis 4 des Neunten Buches Sozialgesetzbuch (Budgetverordnung – BudgetV)

Vom 27. Mai 2004 (BGBl. I S. 1055)

Auf Grund des § 21a des Neunten Buches Sozialgesetzbuch – Rehabilitation und Teilhabe behinderter Menschen – (Artikel 1 des Gesetzes vom 19. Juni 2001, BGBl. I S. 1046, 1047), der durch Artikel 8 Nr. 4 des Gesetzes vom 27. Dezember 2003 (BGBl. I S. 3022) eingefügt worden ist, verordnet das Bundesministerium für Gesundheit und Soziale Sicherung:

§ 1 Anwendungsbereich

Die Ausführung von Leistungen in Form Persönlicher Budgets nach § 17 Abs. 2 bis 4 des Neunten Buches Sozialgesetzbuch, der Inhalt Persönlicher Budgets sowie das Verfahren und die Zuständigkeit der beteiligten Leistungsträger richten sich nach den folgenden Vorschriften.

§ 2 Beteiligte Leistungsträger

¹Leistungen in Form Persönlicher Budgets werden von den Rehabilitationsträgern, den Pflegekassen und den Integrationsämtern erbracht, von den Krankenkassen auch Leistungen, die nicht Leistungen zur Teilhabe nach dem Neunten Buch Sozialgesetzbuch sind, von den Trägern der Sozialhilfe auch Leistungen der Hilfe zur Pflege. ²Sind an einem Persönlichen Budget mehrere Leistungsträger beteiligt, wird es als trägerübergreifende Komplexleistung erbracht.

§ 3 Verfahren

(1) ¹Der nach § 17 Abs. 4 den Neunten Buches Sozialgesetzbuch zuständige Leistungsträger (Beauftragter) unterrichtet unverzüglich die an der Komplexleistung beteiligten Leistungsträger und holt von diesen Stellungnahmen ein, insbesondere zu

1. dem Bedarf, der durch budgetfähige Leistungen gedeckt werden kann, unter Berücksichtigung des Wunsch- und Wahl-

rechts nach § 9 Abs. 1 des Neunten Buches Sozialgesetzbuch,

2. der Höhe des Persönlichen Budgets als Geldleistung oder durch Gutscheine,

3. dem Inhalt der Zielvereinbarung nach § 4,

4. einem Beratungs- und Unterstützungsbedarf.

²Die beteiligten Leistungsträger sollen ihre Stellungnahmen innerhalb von zwei Wochen abgeben.

(2) Wird ein Antrag auf Leistungen in Form eines Persönlichen Budgets bei einer gemeinsamen Servicestelle gestellt, ist Beauftragter im Sinne des Absatzes 1 der Rehabilitationsträger, dem die gemeinsame Servicestelle zugeordnet ist.

(3) ¹Der Beauftragte und, soweit erforderlich, die beteiligten Leistungsträger beraten gemeinsam mit der Antrag stellenden Person in einem trägerübergreifenden Bedarfsfeststellungsverfahren die Ergebnisse der von ihnen getroffenen Feststellungen sowie die gemäß § 4 abzuschließende Zielvereinbarung. ²An dem Verfahren wird auf Verlangen der Antrag stellenden Person eine Person ihrer Wahl beteiligt.

(4) Die beteiligten Leistungsträger stellen nach dem für sie geltenden Leistungsgesetz auf der Grundlage der Ergebnisse des Bedarfsfeststellungsverfahrens das auf sie entfallende Teilbudget innerhalb einer Woche nach Abschluss des Verfahrens fest.

(5) ¹Der Beauftragte erlässt den Verwaltungsakt, wenn eine Zielvereinbarung nach § 4 abgeschlossen ist, und erbringt die Leistung. ²Widerspruch und Klage richten sich gegen den Beauftragten. ³Laufende Geldleistungen werden monatlich im Voraus ausgezahlt; die beteiligten Leistungsträger stellen dem Beauftragten das auf sie entfallende Teilbudget rechtzeitig zur Verfügung. ⁴Mit der Auszahlung oder der Ausgabe von Gutscheinen an

die Antrag stellende Person gilt deren Anspruch gegen die beteiligten Leistungsträger insoweit als erfüllt.

(6) [1]Das Bedarfsfeststellungsverfahren für laufende Leistungen wird in der Regel im Abstand von zwei Jahren wiederholt. [2]In begründeten Fällen kann davon abgewichen werden.

§ 4 Zielvereinbarung

(1) [1]Die Zielvereinbarung wird zwischen der Antrag stellenden Person und dem Beauftragten abgeschlossen. [2]Sie enthält mindestens Regelungen über

1. die Ausrichtung der individuellen Förder- und Leistungsziele,
2. die Erforderlichkeit eines Nachweises für die Deckung des festgestellten individuellen Bedarfs sowie
3. die Qualitätssicherung.

(2) [1]Die Antrag stellende Person und der Beauftragte können die Zielvereinbarung aus wichtigem Grund mit sofortiger Wirkung schriftlich kündigen, wenn ihnen die Fortsetzung nicht zumutbar ist. [2]Ein wichtiger Grund kann für die Antrag stellende Person insbesondere in der persönlichen Lebenssituation liegen. [3]Für den Beauftragten kann ein wichtiger Grund dann vorliegen, wenn die Antrag stellende Person die Vereinbarung, insbesondere hinsichtlich des Nachweises zur Bedarfsdeckung und der Qualitätssicherung nicht einhält. [4]Im Falle der Kündigung wird der Verwaltungsakt aufgehoben.

(3) Die Zielvereinbarung wird im Rahmen des Bedarfsfeststellungsverfahrens für die Dauer des Bewilligungszeitraumes der Leistungen des Persönlichen Budgets abgeschlossen, soweit sich aus ihr nichts Abweichendes ergibt.

§ 5 Inkrafttreten

Diese Verordnung tritt am 1. Juli 2004 in Kraft.

Stichwortverzeichnis

Die Seitenangaben in fetter Schrift beziehen sich auf die Kommentierung (Seiten 9 bis 42). Die Angaben mit § beziehen sich auf die gesetzlichen Grundlagen und Verordnungen (Seiten 45 bis 120).

5

5

5

5